10,000 Addition Problems Practice Workbook

Improve Your Math Fluency Series

Chris McMullen, Ph.D.

10,000 Addition Problems Practice Workbook
Improve Your Math Fluency Series

Copyright © 2009, 2015 Chris McMullen, Ph.D.

All rights reserved. This includes the right to reproduce any portion of this book in any form. However, teachers who purchase one copy of this book, or borrow one physical copy from a library, may make and distribute photocopies of selected pages for instructional purposes for their own classes only. Also, parents who purchase one copy of this book, or borrow one physical copy from a library, may make and distribute photocopies of selected pages for use by their own children only.

CreateSpace

Nonfiction / Education / Elementary School
Professional & Technical / Education / Specific Skills / Mathematics
Children's / Science / Mathematics

ISBN: 1448611040

EAN-13: 978-1448611041

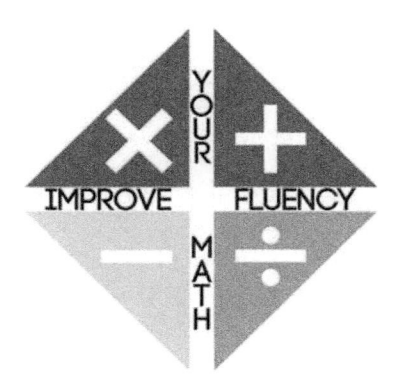

www.improveyourmathfluency.com

10,000 Addition Problems Practice Workbook

Contents

Addition Table	4
Making the Most of this Workbook	5
Part 1: Practice Single-Digit Addition Facts	6
Part 2: Practice Single-Digit Plus Double-Digit Numbers	31
Part 3: Practice Double-Digit Plus Double-Digit Numbers	56
Part 4: Practice Triple-Digit Addition	81
Part 5: Practice Multi-Digit Addition	106
Answer Key	141

3

Addition Table

+	1	2	3	4	5	6	7	8	9	10
1	2	3	4	5	6	7	8	9	10	11
2	3	4	5	6	7	8	9	10	11	12
3	4	5	6	7	8	9	10	11	12	13
4	5	6	7	8	9	10	11	12	13	14
5	6	7	8	9	10	11	12	13	14	15
6	7	8	9	10	11	12	13	14	15	16
7	8	9	10	11	12	13	14	15	16	17
8	9	10	11	12	13	14	15	16	17	18
9	10	11	12	13	14	15	16	17	18	19
10	11	12	13	14	15	16	17	18	19	20

Making the Most of this Workbook

- Mathematics is a language. You can't hold a decent conversation in any language if you have a limited vocabulary or if you are not fluent. In order to become successful in mathematics, you need to practice until you have mastered the fundamentals and developed fluency in the subject. This *10,000 Addition Problems Practice Workbook* will help you improve your addition skills.

- You may need to consult the addition table on page 4 occasionally as you begin your practice, but should refrain from relying on it. Force yourself to solve the problems independently as much as possible. It is necessary to memorize the basic addition facts and know them quickly in order to become successful at arithmetic.

- Use Part 1 of this book to improve your proficiency with single-digit addition facts. Fluency with these fundamentals is critical to mastering arithmetic.

- Part 2 of this book is limited to single-digit numbers plus double-digit numbers. This way you are not challenged with too much at once.

- Concentrate on double-digit addition in Part 3.

- Triple-digit numbers are featured in Part 4.

- Part 5 of this book includes a variety of multi-digit addition problems. You are ready to move onto Part 5 when you can complete the practice pages of Parts 2 thru 4 quickly with few mistakes. Part 5 will help you develop proficiency in addition.

- After you complete a page, check your answers with a calculator. Practice makes permanent, but not necessarily perfect: If you practice making mistakes, you will learn your mistakes. Check your answers and learn from your mistakes such that you practice solving the problems correctly. This way your practice will make perfect.

- Math can be fun. Make a game of your practice by recording your times and trying to improve on your times, and recording your scores and trying to improve on your scores. Doing this will help you see how much you are improving, and this sign of improvement can give you the confidence to succeed in math, which can help you learn to enjoy this subject more.

Improve Your Math Fluency Series

Part 1: Practice Single-Digit Addition Facts

0 +3	9 +4	0 +8	4 +0	2 +0	4 +0	1 +9	8 +4	9 +0
3 +7	0 +1	2 +8	0 +0	8 +0	3 +6	3 +3	4 +6	7 +6
9 +3	3 +9	4 +9	7 +7	7 +7	4 +0	8 +9	5 +4	6 +9
8 +5	9 +7	7 +4	4 +3	4 +8	0 +8	3 +1	8 +3	3 +7
0 +1	4 +5	3 +0	9 +5	4 +1	2 +9	4 +3	8 +2	7 +0
2 +2	5 +9	3 +9	2 +5	0 +0	3 +3	3 +7	9 +2	2 +1
9 +2	7 +1	3 +1	9 +8	0 +6	6 +8	3 +7	5 +4	9 +1
7 +7	0 +1	2 +0	1 +3	6 +6	8 +7	3 +6	8 +8	1 +0
3 +5	7 +7	1 +0	2 +7	5 +8	0 +2	8 +6	2 +5	8 +7

10,000 Addition Problems Practice Workbook

Time: _____ Score: _____

4	7	7	6	2	9	9	5	2
+6	+8	+8	+3	+5	+3	+9	+2	+7

7	6	8	3	0	0	2	0	7
+1	+4	+9	+6	+6	+0	+1	+3	+0

4	2	3	6	4	7	8	8	0
+8	+1	+2	+4	+5	+2	+8	+4	+1

3	6	7	9	9	1	7	2	8
+3	+9	+9	+9	+2	+6	+6	+8	+3

1	0	1	3	1	8	5	8	3
+4	+9	+6	+6	+4	+9	+8	+5	+4

1	9	8	7	6	1	2	2	1
+2	+2	+8	+9	+9	+5	+3	+0	+1

1	7	9	9	6	8	7	9	9
+7	+9	+6	+6	+7	+8	+2	+2	+0

5	7	7	4	0	9	0	1	3
+9	+0	+7	+8	+0	+2	+5	+3	+0

0	9	5	0	4	3	3	8	2
+7	+0	+5	+7	+5	+0	+3	+5	+3

Improve Your Math Fluency Series

Time: _____   Score: _____

3	5	4	5	3	4	2	2	3
+8	+8	+0	+5	+3	+6	+6	+0	+6

2	7	5	2	9	9	9	4	6
+8	+2	+8	+4	+9	+9	+2	+7	+8

2	5	9	6	3	8	8	5	0
+7	+3	+2	+4	+8	+9	+4	+6	+0

8	5	3	0	7	8	1	9	0
+8	+7	+0	+2	+5	+7	+2	+2	+6

7	6	6	7	1	2	7	8	8
+8	+2	+9	+8	+7	+3	+2	+9	+4

7	7	3	3	7	1	6	7	2
+7	+3	+4	+4	+3	+1	+5	+4	+2

8	0	2	3	6	2	5	1	6
+1	+8	+2	+6	+2	+8	+7	+9	+3

9	4	6	6	7	7	1	3	0
+4	+0	+8	+6	+6	+9	+5	+9	+0

6	1	1	6	9	1	2	4	0
+9	+4	+5	+5	+4	+8	+1	+7	+1

10,000 Addition Problems Practice Workbook

Time: _____   Score: _____

6	0	9	3	5	8	5	6	8
+0	+9	+6	+4	+9	+2	+3	+1	+5

5	9	7	9	7	2	6	2	6
+2	+0	+2	+5	+9	+3	+3	+9	+9

4	2	2	8	7	7	7	5	6
+9	+1	+1	+5	+1	+6	+5	+4	+2

2	6	4	0	3	0	3	9	5
+6	+6	+1	+9	+2	+8	+3	+2	+6

8	2	6	5	0	7	7	1	1
+0	+2	+6	+5	+2	+0	+0	+0	+0

0	4	3	0	0	8	0	1	0
+5	+6	+6	+1	+7	+9	+1	+6	+0

4	7	0	5	7	1	1	3	8
+8	+3	+5	+5	+8	+0	+6	+2	+3

2	0	3	7	8	1	3	6	9
+1	+7	+9	+1	+1	+8	+4	+6	+3

6	9	4	2	0	7	3	2	5
+9	+8	+7	+1	+1	+5	+5	+0	+8

Improve Your Math Fluency Series

Time: _____   Score: _____

7	0	3	2	7	9	7	3	8
+5	+8	+6	+1	+6	+5	+7	+1	+8

9	4	9	6	0	3	1	7	4
+8	+1	+2	+7	+6	+4	+2	+2	+8

1	0	3	2	5	0	2	6	5
+2	+8	+0	+9	+6	+3	+8	+3	+3

4	2	6	3	8	7	4	1	5
+2	+4	+1	+4	+4	+2	+7	+9	+7

3	8	0	9	4	7	8	7	8
+4	+0	+4	+1	+4	+8	+6	+8	+4

0	1	3	2	7	7	5	1	0
+6	+5	+0	+7	+7	+7	+6	+5	+2

5	5	9	4	4	4	0	9	3
+9	+2	+0	+9	+1	+9	+9	+0	+2

5	5	0	3	0	4	5	3	3
+6	+7	+5	+9	+6	+9	+5	+6	+2

4	1	4	6	6	0	1	3	3
+7	+6	+8	+3	+5	+1	+1	+1	+7

10,000 Addition Problems Practice Workbook

Time: _____ Score: _____

4	5	8	4	1	2	8	7	1
+5	+0	+5	+8	+8	+1	+7	+7	+8

5	6	3	7	7	9	3	5	4
+7	+0	+1	+9	+2	+5	+9	+3	+7

3	9	5	7	0	2	3	1	0
+4	+2	+4	+0	+2	+6	+8	+0	+0

2	6	9	4	3	3	9	0	8
+7	+2	+8	+0	+0	+3	+5	+4	+0

3	5	9	6	5	9	3	3	2
+3	+6	+4	+1	+6	+4	+1	+4	+9

5	6	5	2	9	9	6	1	3
+8	+3	+7	+6	+1	+8	+5	+3	+4

6	3	9	0	9	6	0	5	8
+0	+1	+0	+3	+3	+1	+7	+9	+5

8	0	2	3	5	2	7	9	4
+1	+4	+4	+7	+3	+9	+4	+7	+1

0	3	1	1	9	2	6	1	2
+2	+8	+3	+3	+3	+4	+8	+2	+9

Improve Your Math Fluency Series

Time: _____   Score: _____

9 +2	0 +2	0 +1	8 +3	7 +1	3 +1	9 +0	3 +8	9 +9
3 +9	5 +1	6 +6	4 +5	7 +4	5 +2	5 +4	0 +0	7 +7
2 +0	1 +2	6 +0	0 +1	0 +5	9 +3	6 +7	7 +6	8 +9
7 +1	1 +3	1 +7	7 +5	0 +9	1 +2	3 +0	7 +9	0 +6
4 +6	5 +0	6 +0	0 +9	7 +0	6 +8	2 +2	5 +1	2 +1
8 +9	0 +6	7 +5	5 +8	3 +0	5 +1	3 +1	7 +9	6 +3
7 +8	7 +7	4 +9	5 +1	6 +7	8 +9	3 +1	4 +9	2 +7
3 +8	8 +8	5 +7	6 +3	4 +0	3 +0	5 +5	0 +0	0 +6
2 +2	1 +4	6 +2	9 +2	8 +9	2 +8	3 +6	4 +2	0 +9

10,000 Addition Problems Practice Workbook

Time: _____   Score: _____

3 +3	0 +4	9 +5	3 +4	8 +8	8 +2	2 +4	4 +5	5 +4
4 +3	5 +8	3 +0	9 +3	7 +9	5 +0	2 +3	2 +5	4 +9
5 +1	9 +7	0 +2	3 +5	3 +4	3 +3	1 +5	4 +2	8 +6
8 +0	7 +6	2 +2	3 +4	7 +9	6 +3	4 +4	6 +2	5 +5
7 +9	9 +3	0 +5	1 +7	9 +9	8 +8	8 +6	7 +4	8 +8
0 +1	6 +0	7 +9	8 +9	5 +4	0 +0	7 +5	2 +0	0 +3
0 +7	5 +6	6 +1	4 +0	4 +5	4 +5	6 +7	5 +5	9 +8
6 +3	8 +8	1 +4	6 +8	9 +9	7 +1	4 +6	6 +2	4 +3
0 +8	7 +2	0 +1	8 +9	2 +4	2 +5	0 +1	2 +1	4 +1

Improve Your Math Fluency Series

Time: _____ Score: _____

3 +9	4 +6	1 +7	5 +1	1 +1	5 +0	0 +1	9 +5	6 +8
2 +4	3 +2	8 +8	3 +1	8 +1	6 +1	4 +2	6 +3	0 +2
8 +9	0 +2	6 +6	6 +9	1 +4	2 +8	9 +5	9 +2	3 +6
7 +6	5 +1	5 +3	5 +7	4 +1	6 +0	2 +4	6 +1	2 +2
3 +5	7 +3	1 +2	9 +7	3 +1	9 +8	4 +3	5 +4	5 +6
6 +0	9 +4	2 +0	9 +8	3 +3	9 +9	1 +7	3 +6	6 +7
3 +0	3 +2	0 +7	3 +8	2 +3	2 +6	7 +8	1 +9	6 +6
9 +5	7 +0	1 +8	8 +6	6 +4	8 +0	8 +8	6 +0	5 +3
0 +7	8 +7	1 +6	4 +6	8 +9	8 +6	7 +2	4 +0	1 +4

14

10,000 Addition Problems Practice Workbook

Time: _____   Score: _____

3	8	7	6	4	3	6	6	9
+7	+6	+8	+8	+7	+0	+1	+5	+4

0	2	9	6	1	7	2	8	2
+6	+5	+7	+0	+4	+5	+2	+7	+4

4	2	8	9	7	6	3	2	2
+7	+9	+4	+4	+2	+5	+5	+5	+6

8	6	4	3	8	5	6	4	7
+3	+4	+4	+8	+4	+8	+0	+5	+6

3	7	5	9	7	6	0	7	6
+6	+3	+3	+5	+8	+9	+0	+0	+1

8	7	7	8	1	5	7	9	1
+0	+6	+4	+6	+2	+9	+1	+4	+2

9	5	1	3	5	2	8	1	0
+9	+6	+9	+8	+2	+4	+4	+7	+0

9	0	2	3	4	2	1	9	5
+3	+4	+2	+8	+1	+6	+0	+0	+6

6	5	2	8	4	6	5	5	3
+6	+2	+1	+8	+6	+5	+4	+8	+9

Improve Your Math Fluency Series

Time: _____   Score: _____

2	2	5	6	9	1	6	4	9
+7	+0	+5	+5	+1	+8	+7	+7	+2

6	2	9	0	0	1	4	3	3
+1	+6	+1	+9	+0	+1	+9	+3	+2

5	3	6	0	8	2	9	2	1
+7	+4	+7	+4	+1	+6	+0	+3	+6

5	4	3	4	0	9	7	9	8
+0	+8	+0	+4	+4	+6	+9	+3	+7

6	9	4	4	8	3	4	3	5
+8	+4	+9	+9	+9	+8	+6	+6	+4

3	7	8	9	4	6	9	8	5
+3	+9	+9	+9	+3	+1	+6	+2	+3

2	6	8	2	2	2	5	5	2
+5	+6	+9	+7	+9	+1	+1	+0	+8

0	2	2	0	3	3	2	9	7
+4	+1	+2	+6	+3	+1	+4	+8	+3

0	7	2	0	8	5	3	8	2
+2	+0	+8	+9	+5	+2	+4	+4	+0

10,000 Addition Problems Practice Workbook

Time: _____   Score: _____

4	2	2	1	0	7	1	5	6
+2	+6	+2	+2	+1	+3	+1	+2	+4

0	1	9	3	0	8	1	7	2
+6	+7	+6	+9	+8	+0	+9	+3	+6

4	5	8	5	5	7	1	3	7
+4	+3	+2	+0	+3	+1	+7	+3	+8

4	3	7	3	7	9	4	7	2
+8	+5	+8	+6	+1	+3	+3	+9	+1

3	6	8	6	6	2	1	0	6
+9	+8	+9	+4	+8	+0	+0	+9	+2

3	2	5	8	0	4	2	1	3
+0	+2	+2	+7	+9	+8	+7	+4	+1

2	9	7	7	5	0	3	4	7
+6	+4	+1	+9	+9	+3	+3	+5	+9

5	0	5	6	6	5	9	2	5
+2	+0	+0	+3	+6	+7	+6	+8	+0

9	1	8	9	4	5	3	8	6
+1	+6	+1	+6	+0	+5	+2	+0	+0

Improve Your Math Fluency Series

Time: _____   Score: _____

9 +5	0 +9	5 +9	0 +8	9 +7	9 +5	6 +6	3 +0	5 +1
4 +3	2 +6	8 +5	5 +3	2 +1	6 +6	8 +7	5 +8	0 +3
3 +1	6 +4	5 +6	1 +2	4 +8	7 +7	6 +6	4 +9	6 +6
2 +1	6 +9	1 +7	5 +4	3 +9	5 +8	2 +3	3 +0	1 +2
9 +5	7 +1	4 +4	1 +8	2 +0	8 +3	6 +7	8 +6	1 +8
3 +2	2 +3	2 +4	6 +1	6 +9	1 +7	8 +5	5 +0	2 +2
3 +4	5 +4	1 +9	8 +2	6 +5	3 +7	2 +0	3 +6	6 +2
9 +8	1 +3	1 +8	1 +0	2 +1	6 +8	6 +5	2 +8	3 +7
1 +7	6 +8	1 +1	1 +1	7 +9	2 +2	9 +6	2 +3	3 +2

10,000 Addition Problems Practice Workbook

Time: _____ Score: _____

5	5	7	0	4	4	4	9	6
+7	+3	+8	+9	+1	+1	+5	+3	+5

1	4	7	5	1	0	8	5	0
+7	+6	+9	+9	+2	+7	+4	+2	+4

1	6	0	1	3	1	7	6	8
+4	+1	+5	+3	+6	+0	+9	+8	+7

0	0	1	8	7	6	8	4	9
+7	+2	+3	+6	+6	+4	+6	+6	+2

7	1	8	7	0	1	0	9	1
+0	+8	+6	+3	+0	+8	+6	+2	+7

4	7	1	2	7	4	2	2	6
+6	+5	+1	+4	+0	+7	+4	+3	+7

7	2	3	3	5	8	4	3	7
+1	+6	+3	+9	+4	+4	+8	+7	+5

6	7	4	7	3	7	5	0	9
+4	+7	+4	+6	+4	+9	+9	+7	+4

3	8	6	6	0	2	2	6	9
+2	+4	+4	+2	+4	+4	+2	+9	+6

Improve Your Math Fluency Series

Time: _____   Score: _____

6 +8	1 +6	7 +6	6 +8	6 +8	9 +7	9 +9	2 +0	9 +5
2 +4	5 +3	6 +4	2 +6	7 +5	2 +2	4 +2	2 +4	8 +8
7 +7	1 +7	0 +2	4 +0	6 +6	5 +7	5 +3	6 +9	0 +9
1 +3	1 +5	6 +5	7 +6	7 +4	5 +9	4 +0	8 +7	2 +6
9 +9	3 +5	1 +2	3 +2	0 +3	4 +9	7 +9	4 +6	2 +7
8 +2	2 +0	1 +3	8 +2	1 +2	4 +3	5 +5	1 +5	1 +8
8 +2	2 +6	6 +0	8 +1	2 +1	8 +5	0 +6	6 +3	4 +1
4 +0	5 +9	9 +2	4 +0	3 +6	0 +5	6 +8	7 +6	7 +0
6 +2	5 +6	9 +3	5 +2	6 +6	3 +5	4 +5	4 +7	3 +4

10,000 Addition Problems Practice Workbook

Time: _____   Score: _____

5	4	6	5	2	9	9	6	4
+8	+1	+7	+0	+6	+5	+6	+0	+8

0	5	7	8	4	3	0	8	9
+5	+7	+8	+2	+2	+4	+3	+3	+6

3	7	5	7	4	1	8	7	9
+6	+8	+9	+4	+2	+3	+2	+4	+1

4	6	8	3	7	8	3	3	3
+0	+3	+6	+7	+4	+0	+2	+1	+7

3	4	9	3	9	0	8	6	1
+3	+4	+6	+2	+1	+5	+3	+9	+5

7	5	1	4	7	8	3	8	1
+8	+5	+3	+8	+2	+3	+0	+9	+1

7	3	8	0	4	6	5	2	9
+4	+6	+6	+3	+8	+6	+9	+3	+8

9	3	3	3	5	7	5	3	1
+5	+1	+2	+1	+5	+4	+9	+5	+8

3	6	2	9	6	1	5	4	3
+3	+0	+0	+2	+7	+6	+4	+8	+3

Improve Your Math Fluency Series

Time: _____   Score: _____

6 +7	5 +4	9 +6	6 +3	2 +7	1 +6	3 +4	2 +6	0 +3
1 +9	7 +7	4 +9	9 +0	1 +7	9 +0	7 +6	1 +0	2 +7
8 +8	4 +3	0 +6	2 +2	4 +8	7 +1	3 +1	4 +0	2 +8
2 +8	3 +4	4 +7	0 +1	0 +8	2 +2	9 +9	5 +5	7 +2
5 +1	6 +8	9 +9	3 +9	9 +4	2 +1	1 +8	5 +7	1 +8
2 +2	8 +7	2 +1	0 +9	1 +1	6 +7	6 +2	0 +1	6 +6
6 +6	9 +5	2 +3	3 +8	2 +8	7 +4	5 +6	8 +6	6 +4
6 +9	2 +9	3 +9	4 +3	1 +3	1 +0	6 +2	8 +4	7 +0
4 +2	5 +8	4 +2	3 +2	5 +6	6 +8	9 +6	3 +2	1 +8

10,000 Addition Problems Practice Workbook

Time: _____ Score: _____

4	7	9	2	7	2	7	9	7
+2	+7	+1	+3	+2	+2	+6	+8	+9

2	6	2	1	8	5	9	5	5
+0	+0	+7	+5	+1	+4	+9	+6	+2

6	8	9	2	7	7	3	3	6
+5	+9	+7	+0	+4	+7	+5	+5	+7

3	7	0	0	8	2	9	1	5
+5	+5	+9	+8	+5	+6	+5	+1	+6

0	4	6	5	3	6	2	1	0
+1	+0	+9	+5	+0	+2	+4	+8	+8

7	5	5	5	9	5	0	1	5
+3	+9	+5	+3	+5	+1	+1	+4	+9

1	9	7	1	0	5	8	8	0
+5	+2	+5	+9	+4	+4	+2	+9	+8

0	5	3	6	3	1	4	3	4
+2	+9	+8	+6	+5	+8	+5	+8	+2

3	0	6	4	8	5	8	3	7
+8	+5	+9	+8	+8	+1	+1	+9	+9

Improve Your Math Fluency Series

Time: _____   Score: _____

5	6	6	5	2	0	2	5	8
+9	+0	+7	+4	+0	+5	+0	+3	+7

1	2	8	4	7	9	7	1	0
+9	+2	+3	+4	+7	+2	+6	+0	+7

8	3	9	9	1	3	4	9	5
+6	+6	+5	+0	+6	+8	+1	+8	+1

5	8	0	5	9	0	7	4	3
+1	+7	+6	+0	+7	+3	+9	+4	+6

4	4	8	0	4	5	4	6	2
+8	+9	+6	+3	+6	+6	+7	+5	+1

5	9	7	0	8	2	8	4	0
+2	+0	+7	+5	+5	+7	+2	+6	+2

2	6	2	4	7	1	4	6	6
+0	+2	+7	+2	+0	+7	+3	+8	+3

4	6	1	1	3	5	3	9	5
+1	+8	+8	+9	+9	+9	+6	+1	+8

4	3	9	4	2	4	3	7	9
+7	+8	+9	+4	+3	+9	+0	+8	+7

10,000 Addition Problems Practice Workbook

Time: _____   Score: _____

5	7	4	1	7	5	5	2	0
+3	+0	+6	+4	+2	+5	+6	+5	+0

0	1	5	5	6	9	3	9	4
+0	+6	+6	+1	+1	+6	+4	+3	+4

2	7	1	0	1	9	5	5	0
+2	+5	+8	+8	+4	+4	+8	+7	+0

5	8	5	1	8	3	8	1	4
+4	+8	+9	+4	+0	+8	+6	+1	+0

7	7	5	9	8	0	5	5	5
+0	+7	+4	+0	+7	+0	+9	+5	+4

7	5	4	0	7	9	3	7	1
+9	+6	+3	+7	+5	+1	+8	+4	+7

6	7	2	2	1	3	2	5	6
+8	+6	+9	+8	+9	+2	+6	+1	+5

1	2	5	7	6	6	2	6	4
+1	+9	+4	+7	+9	+7	+3	+2	+4

4	2	8	5	2	8	8	5	8
+7	+9	+9	+6	+3	+3	+7	+6	+3

Improve Your Math Fluency Series

Time: _____   Score: _____

| 7 | 8 | 2 | 7 | 2 | 2 | 2 | 6 | 6 |
|+3 |+8 |+0 |+4 |+6 |+9 |+6 |+2 |+8 |

| 5 | 8 | 0 | 0 | 9 | 9 | 2 | 4 | 0 |
|+1 |+4 |+2 |+1 |+9 |+9 |+5 |+5 |+0 |

| 1 | 8 | 9 | 0 | 2 | 1 | 6 | 0 | 6 |
|+8 |+7 |+0 |+4 |+7 |+3 |+0 |+1 |+8 |

| 4 | 7 | 7 | 8 | 6 | 8 | 0 | 5 | 5 |
|+7 |+9 |+6 |+5 |+8 |+3 |+8 |+7 |+7 |

| 4 | 7 | 8 | 2 | 1 | 7 | 4 | 2 | 7 |
|+0 |+8 |+5 |+9 |+6 |+3 |+0 |+5 |+5 |

| 3 | 3 | 6 | 3 | 6 | 7 | 0 | 5 | 8 |
|+6 |+7 |+5 |+9 |+7 |+9 |+6 |+4 |+8 |

| 4 | 2 | 0 | 2 | 5 | 0 | 7 | 3 | 1 |
|+4 |+3 |+0 |+4 |+2 |+0 |+8 |+2 |+3 |

| 0 | 2 | 7 | 3 | 3 | 6 | 0 | 5 | 3 |
|+0 |+2 |+3 |+0 |+2 |+5 |+1 |+5 |+3 |

| 0 | 7 | 6 | 2 | 1 | 6 | 4 | 4 | 7 |
|+6 |+0 |+0 |+8 |+6 |+6 |+9 |+7 |+4 |

10,000 Addition Problems Practice Workbook

Time: _____   Score: _____

5	2	8	5	3	4	7	5	4
+0	+8	+9	+2	+4	+0	+0	+1	+8

8	3	9	3	3	8	7	7	2
+9	+5	+7	+6	+4	+5	+5	+9	+2

8	8	9	9	2	1	8	3	1
+6	+4	+4	+9	+1	+7	+2	+9	+8

8	5	2	3	6	0	3	7	9
+8	+6	+0	+0	+8	+8	+1	+9	+2

0	9	8	4	0	8	3	9	9
+8	+9	+2	+3	+6	+3	+9	+6	+4

8	9	4	6	1	2	4	5	6
+0	+7	+4	+4	+2	+1	+4	+5	+3

8	2	5	9	0	5	4	2	9
+0	+9	+4	+5	+1	+3	+4	+8	+7

3	0	2	4	6	5	7	9	6
+8	+2	+7	+6	+4	+1	+2	+8	+3

7	0	5	7	0	2	0	3	3
+3	+0	+9	+9	+4	+5	+9	+6	+8

Improve Your Math Fluency Series

Time: _____   Score: _____

| 6 | 1 | 6 | 8 | 4 | 1 | 4 | 6 | 3 |
|+4|+1|+0|+1|+3|+4|+0|+0|+9|

| 0 | 6 | 5 | 7 | 3 | 0 | 1 | 4 | 5 |
|+3|+7|+1|+6|+3|+7|+2|+1|+5|

| 7 | 7 | 2 | 5 | 4 | 8 | 7 | 8 | 5 |
|+8|+8|+6|+2|+1|+0|+5|+3|+7|

| 1 | 1 | 4 | 3 | 0 | 0 | 0 | 9 | 9 |
|+6|+0|+5|+5|+7|+6|+3|+1|+5|

| 1 | 4 | 3 | 4 | 0 | 6 | 2 | 3 | 0 |
|+2|+7|+1|+6|+5|+7|+9|+6|+2|

| 7 | 1 | 9 | 6 | 8 | 4 | 4 | 6 | 6 |
|+1|+9|+2|+6|+2|+0|+3|+7|+2|

| 2 | 9 | 4 | 9 | 0 | 0 | 3 | 1 | 3 |
|+0|+6|+5|+7|+9|+9|+8|+3|+9|

| 9 | 0 | 9 | 5 | 2 | 2 | 8 | 7 | 5 |
|+9|+1|+6|+5|+4|+1|+0|+4|+6|

| 3 | 5 | 9 | 0 | 7 | 3 | 6 | 2 | 1 |
|+9|+4|+6|+0|+2|+6|+7|+2|+3|

10,000 Addition Problems Practice Workbook

Time: _____ Score: _____

9 +0	7 +2	2 +7	4 +9	6 +3	4 +4	4 +8	2 +6	7 +4
6 +3	9 +0	7 +3	5 +9	4 +7	9 +7	2 +9	2 +8	6 +6
2 +1	6 +5	8 +0	5 +6	4 +4	6 +1	0 +7	1 +3	1 +4
0 +7	9 +6	7 +4	0 +0	5 +3	9 +0	9 +2	9 +6	1 +5
5 +5	8 +4	2 +7	5 +9	0 +3	6 +5	8 +2	6 +6	1 +1
0 +5	5 +1	2 +0	8 +7	3 +3	2 +0	7 +8	1 +9	8 +1
7 +6	5 +2	3 +5	5 +7	2 +3	8 +2	1 +0	0 +6	6 +4
7 +0	9 +6	2 +6	1 +2	3 +7	7 +0	6 +5	0 +4	7 +5
1 +6	1 +8	6 +2	5 +9	0 +7	1 +2	2 +7	1 +1	4 +6

29

Improve Your Math Fluency Series

Time: _____   Score: _____

2	3	9	8	4	1	1	5	8
+7	+0	+9	+3	+5	+9	+1	+4	+1

0	6	1	0	9	2	5	6	0
+0	+4	+2	+1	+6	+7	+1	+6	+3

5	8	2	9	6	1	7	5	0
+5	+6	+6	+0	+6	+0	+0	+2	+8

6	5	1	2	6	7	5	5	9
+4	+8	+8	+7	+0	+4	+3	+3	+3

8	0	8	8	8	0	7	9	1
+3	+6	+4	+9	+7	+7	+6	+9	+6

9	5	9	4	5	9	3	3	4
+4	+9	+9	+5	+0	+7	+7	+5	+3

3	5	4	0	0	2	2	2	9
+4	+6	+1	+2	+6	+3	+0	+7	+3

0	5	5	9	7	1	2	7	6
+6	+0	+2	+1	+4	+7	+2	+2	+4

1	6	1	0	0	5	0	7	2
+3	+2	+3	+3	+9	+8	+5	+0	+8

Part 2: Practice Single-Digit Plus Double-Digit Numbers

10 +3	92 +4	13 +8	51 +0	31 +0	47 +0	19 +9	82 +4	99 +0
43 +7	18 +1	34 +8	10 +0	83 +0	38 +6	43 +3	52 +6	78 +6
97 +3	40 +9	51 +9	80 +7	81 +7	50 +0	82 +9	61 +4	67 +9
83 +5	99 +7	80 +4	47 +3	52 +8	14 +8	45 +1	85 +3	43 +7
17 +1	52 +5	37 +0	98 +5	51 +1	32 +9	53 +3	85 +2	74 +0
33 +2	57 +9	44 +9	35 +5	14 +0	45 +3	41 +7	94 +2	32 +1
92 +2	80 +1	44 +1	92 +8	17 +6	68 +8	38 +7	60 +4	97 +1
73 +7	15 +1	31 +0	25 +3	66 +6	87 +7	40 +6	87 +8	27 +0
38 +5	77 +7	19 +0	36 +7	58 +8	10 +2	90 +6	32 +5	88 +7

Improve Your Math Fluency Series

Time: _____   Score: _____

49	77	80	72	29	93	95	63	31
+6	+8	+8	+3	+5	+3	+9	+2	+7

77	68	87	44	15	15	28	13	73
+1	+4	+9	+6	+6	+0	+1	+3	+0

50	34	38	69	51	80	90	83	11
+8	+1	+2	+4	+5	+2	+8	+4	+1

43	72	76	93	98	27	79	33	86
+3	+9	+9	+9	+2	+6	+6	+8	+3

26	16	26	44	20	89	58	86	37
+4	+9	+6	+6	+4	+9	+8	+5	+4

22	97	90	76	67	24	35	28	23
+2	+2	+8	+9	+9	+5	+3	+0	+1

21	75	93	97	71	87	77	91	96
+7	+9	+6	+6	+7	+8	+2	+2	+0

57	77	75	52	18	93	14	23	41
+9	+0	+7	+8	+0	+2	+5	+3	+0

13	92	58	13	48	44	43	90	35
+7	+0	+5	+7	+5	+0	+3	+5	+3

10,000 Addition Problems Practice Workbook

Time: _____   Score: _____

43	62	46	63	43	51	30	33	39
+8	+8	+0	+5	+3	+6	+6	+0	+6

32	81	60	29	92	95	98	50	72
+8	+2	+8	+4	+9	+9	+2	+7	+8

28	63	99	67	37	90	90	63	16
+7	+3	+2	+4	+8	+9	+4	+6	+0

87	63	41	11	78	82	24	94	18
+8	+7	+0	+2	+5	+7	+2	+2	+6

78	69	64	73	19	35	79	87	90
+8	+2	+9	+8	+7	+3	+2	+9	+4

78	75	42	38	75	25	72	75	28
+7	+3	+4	+4	+3	+1	+5	+4	+2

89	13	29	39	64	32	55	23	71
+1	+8	+2	+6	+2	+8	+7	+9	+3

96	53	64	65	81	80	26	39	17
+4	+0	+8	+6	+6	+9	+5	+9	+0

65	20	24	70	91	24	36	46	10
+9	+4	+5	+5	+4	+8	+1	+7	+1

Time: ____________ Score: ____________

72 +0	11 +9	97 +6	45 +4	56 +9	90 +2	59 +3	67 +1	90 +5
60 +2	94 +0	79 +2	97 +5	79 +9	36 +3	67 +3	30 +9	68 +9
46 +9	32 +1	30 +1	89 +5	79 +1	73 +6	75 +5	61 +4	72 +2
28 +6	65 +6	48 +1	13 +9	44 +2	12 +8	38 +3	92 +2	58 +6
89 +0	28 +2	67 +6	62 +5	14 +2	80 +0	77 +0	19 +0	21 +0
18 +5	54 +6	44 +6	18 +1	10 +7	86 +9	10 +1	26 +6	17 +0
49 +8	77 +3	17 +5	61 +5	75 +8	19 +0	24 +6	43 +2	85 +3
28 +1	11 +7	40 +9	79 +1	83 +1	23 +8	42 +4	68 +6	91 +3
71 +9	92 +8	46 +7	34 +1	13 +1	77 +5	45 +5	28 +0	63 +8

Time: ______________ Score: ______________

81 +5	18 +8	42 +6	28 +1	78 +6	97 +5	81 +7	39 +1	87 +8
92 +8	52 +1	98 +2	69 +7	10 +6	44 +4	20 +2	73 +2	49 +8
19 +2	10 +8	45 +0	30 +9	62 +6	18 +3	32 +8	69 +3	62 +3
51 +2	29 +4	66 +1	37 +4	85 +4	76 +2	52 +7	22 +9	57 +7
39 +4	85 +0	15 +4	92 +1	53 +4	80 +8	89 +6	77 +8	90 +4
11 +6	24 +5	43 +0	32 +7	74 +7	76 +7	55 +6	26 +5	13 +2
59 +9	61 +2	97 +0	46 +9	51 +1	52 +9	12 +9	92 +0	41 +2
57 +6	63 +7	14 +5	41 +9	11 +6	47 +9	57 +5	43 +6	39 +2
54 +7	22 +6	48 +8	70 +3	72 +5	13 +1	22 +1	43 +1	41 +7

Time: ______________ Score: ______________

47 +5	59 +0	82 +5	48 +8	24 +8	33 +1	88 +7	76 +7	22 +8
60 +7	69 +0	37 +1	79 +9	81 +2	96 +5	37 +9	56 +3	51 +7
37 +4	96 +2	56 +4	81 +0	11 +2	35 +6	44 +8	27 +0	15 +0
28 +7	71 +2	97 +8	46 +0	39 +0	40 +3	94 +5	18 +4	82 +0
39 +3	55 +6	99 +4	66 +1	60 +6	99 +4	37 +1	41 +4	30 +9
58 +8	69 +3	63 +7	34 +6	95 +1	91 +8	65 +5	20 +3	38 +4
71 +0	39 +1	95 +0	14 +3	99 +3	70 +1	18 +7	62 +9	87 +5
82 +1	12 +4	34 +4	45 +7	60 +3	29 +9	76 +4	91 +7	52 +1
10 +2	38 +8	20 +3	21 +3	96 +3	34 +4	69 +8	24 +2	29 +9

Time: ______________ Score: ______________

97	13	13	84	77	42	97	40	92
+2	+2	+1	+3	+1	+1	+0	+8	+9
39	56	65	47	73	58	58	18	76
+9	+1	+6	+5	+4	+2	+4	+0	+7
32	20	64	11	11	95	69	75	85
+0	+2	+0	+1	+5	+3	+7	+6	+9
76	21	24	76	15	24	41	79	16
+1	+3	+7	+5	+9	+2	+0	+9	+6
54	55	72	17	74	67	28	56	35
+6	+0	+0	+9	+0	+8	+2	+1	+1
82	15	78	63	41	61	42	74	66
+9	+6	+5	+8	+0	+1	+1	+9	+3
75	77	48	55	64	89	39	53	34
+8	+7	+9	+1	+7	+9	+1	+9	+7
42	84	56	66	49	40	59	15	14
+8	+8	+7	+3	+0	+0	+5	+0	+6
28	22	69	92	89	30	38	49	17
+2	+4	+2	+2	+9	+8	+6	+2	+9

Time: ______________ Score: ______________

40	14	94	44	87	84	32	49	63
+3	+4	+5	+4	+8	+2	+4	+5	+4
50	62	40	94	75	56	29	28	46
+3	+8	+0	+3	+9	+0	+3	+5	+9
63	92	11	45	45	37	25	51	90
+1	+7	+2	+5	+4	+3	+5	+2	+6
89	73	36	39	76	70	50	64	63
+0	+6	+2	+4	+9	+3	+4	+2	+5
73	91	15	26	91	88	82	74	83
+9	+3	+5	+7	+9	+8	+6	+4	+8
17	71	80	83	58	11	76	33	10
+1	+0	+9	+9	+4	+0	+5	+0	+3
10	58	65	52	48	47	70	56	91
+7	+6	+1	+0	+5	+5	+7	+5	+8
72	90	27	72	94	81	48	67	46
+3	+8	+4	+8	+9	+1	+6	+2	+3
17	78	14	87	31	31	16	34	50
+8	+2	+1	+9	+4	+5	+1	+1	+1

10,000 Addition Problems Practice Workbook

Time: _____   Score: _____

42	46	20	59	23	61	18	99	67
+9	+6	+7	+1	+1	+0	+1	+5	+8

30	44	89	39	82	64	53	68	16
+4	+2	+8	+1	+1	+1	+2	+3	+2

88	16	69	64	26	29	94	92	38
+9	+2	+6	+9	+4	+8	+5	+2	+6

79	61	61	62	51	69	29	65	35
+6	+1	+3	+7	+1	+0	+4	+1	+2

43	78	26	93	39	99	51	59	57
+5	+3	+2	+7	+1	+8	+3	+4	+6

66	94	33	96	43	94	23	39	70
+0	+4	+0	+8	+3	+9	+7	+6	+7

39	45	17	45	30	34	80	27	71
+0	+2	+7	+8	+3	+6	+8	+9	+6

98	74	25	84	66	85	84	71	62
+5	+0	+8	+6	+4	+0	+8	+0	+3

11	83	27	46	82	88	76	54	27
+7	+7	+6	+6	+9	+6	+2	+0	+4

Time: ______________ Score: ______________

38	82	76	68	53	43	67	67	94
+7	+6	+8	+8	+7	+0	+1	+5	+4
14	36	92	72	26	77	28	87	32
+6	+5	+7	+0	+4	+5	+2	+7	+4
46	29	84	94	76	72	44	28	32
+7	+9	+4	+4	+2	+5	+5	+5	+6
90	72	50	37	82	60	65	50	80
+3	+4	+4	+8	+4	+8	+0	+5	+6
41	78	55	95	81	67	16	78	68
+6	+3	+3	+5	+8	+9	+0	+0	+1
88	76	77	88	25	62	77	98	23
+0	+6	+4	+6	+2	+9	+1	+4	+2
91	55	23	40	62	30	87	26	17
+9	+6	+9	+8	+2	+4	+4	+7	+0
97	10	32	42	46	29	20	97	61
+3	+4	+2	+8	+1	+6	+0	+0	+6
68	62	31	85	53	67	55	61	38
+6	+2	+1	+8	+6	+5	+4	+8	+9

10,000 Addition Problems Practice Workbook

Time: _____   Score: _____

28	31	55	71	99	26	69	49	97
+7	+0	+5	+5	+1	+8	+7	+7	+2

68	33	95	14	11	24	46	45	40
+1	+6	+1	+9	+0	+1	+9	+3	+2

55	42	64	13	83	31	93	31	26
+7	+4	+7	+4	+1	+6	+0	+3	+6

56	48	43	46	15	92	80	97	86
+0	+8	+0	+4	+4	+6	+9	+3	+7

67	99	46	47	88	38	52	44	59
+8	+4	+9	+9	+9	+8	+6	+6	+4

44	74	84	97	46	64	95	90	62
+3	+9	+9	+9	+3	+1	+6	+2	+3

34	66	85	36	28	36	59	57	29
+5	+6	+9	+7	+9	+1	+1	+0	+8

12	34	28	10	44	44	28	95	75
+4	+1	+2	+6	+3	+1	+4	+8	+3

10	73	33	15	83	60	40	84	28
+2	+0	+8	+9	+5	+2	+4	+4	+0

Improve Your Math Fluency Series

Time: _____   Score: _____

53 +2	30 +6	36 +2	24 +2	11 +1	78 +3	19 +1	58 +2	67 +4
13 +6	22 +7	92 +6	37 +9	12 +8	86 +0	26 +9	75 +3	32 +6
47 +4	59 +3	85 +2	57 +0	62 +3	73 +1	23 +7	43 +3	73 +8
54 +8	40 +5	74 +8	45 +6	78 +1	96 +3	49 +3	80 +9	32 +1
39 +9	67 +8	89 +9	65 +4	64 +8	30 +0	20 +0	12 +9	66 +2
43 +0	35 +2	62 +2	88 +7	16 +9	48 +8	28 +7	19 +4	39 +1
31 +6	97 +4	75 +1	78 +9	63 +9	10 +3	37 +3	47 +5	73 +9
57 +2	13 +0	56 +0	67 +3	66 +6	55 +7	96 +6	33 +8	56 +0
95 +1	19 +6	86 +1	98 +6	51 +0	59 +5	45 +2	82 +0	65 +0

10,000 Addition Problems Practice Workbook

Time: _____ Score: _____

98	10	58	18	95	91	69	37	55
+5	+9	+9	+8	+7	+5	+6	+0	+1

49	31	83	57	30	70	88	58	11
+3	+6	+5	+3	+1	+6	+7	+8	+3

40	71	57	27	47	81	69	54	67
+1	+4	+6	+2	+8	+7	+6	+9	+6

29	65	26	62	37	62	30	39	22
+1	+9	+7	+4	+9	+8	+3	+0	+2

98	80	52	21	28	88	68	82	21
+5	+1	+4	+8	+0	+3	+7	+6	+8

45	29	31	68	68	22	88	55	31
+2	+3	+4	+1	+9	+7	+5	+0	+2

43	62	21	89	67	40	31	42	70
+4	+4	+9	+2	+5	+7	+0	+6	+2

93	27	19	23	36	69	64	35	40
+8	+3	+8	+0	+1	+8	+5	+8	+7

24	71	23	24	73	33	91	28	40
+7	+8	+1	+1	+9	+2	+6	+3	+2

Time: ______________ Score: ______________

58	61	75	11	46	53	52	95	72
+7	+3	+8	+9	+1	+1	+5	+3	+5
19	48	80	58	19	15	85	57	11
+7	+6	+9	+9	+2	+7	+4	+2	+4
27	70	17	21	37	20	73	70	88
+4	+1	+5	+3	+6	+0	+9	+8	+7
17	12	24	83	81	70	89	53	97
+7	+2	+3	+6	+6	+4	+6	+6	+2
76	25	83	76	12	19	11	99	22
+0	+8	+6	+3	+0	+8	+6	+2	+7
49	75	20	34	77	46	30	31	65
+6	+5	+1	+4	+0	+7	+4	+3	+7
80	30	42	38	60	83	52	40	78
+1	+6	+3	+9	+4	+4	+8	+7	+5
70	77	54	81	42	75	60	16	96
+4	+7	+4	+6	+4	+9	+9	+7	+4
41	87	67	65	14	30	36	68	95
+2	+4	+4	+2	+4	+4	+2	+9	+6

Time: ________________ Score: ________________

70 +8	25 +6	79 +6	68 +8	67 +8	98 +7	97 +9	34 +0	98 +5
30 +4	62 +3	66 +4	34 +6	79 +5	30 +2	47 +2	29 +4	84 +8
78 +7	20 +7	12 +2	51 +0	69 +6	59 +7	59 +3	69 +9	10 +9
26 +3	24 +5	64 +5	76 +6	74 +4	56 +9	48 +0	83 +7	30 +6
97 +9	40 +5	27 +2	38 +2	10 +3	47 +9	81 +9	54 +6	32 +7
83 +2	34 +0	25 +3	85 +2	21 +2	54 +3	55 +5	21 +5	26 +8
85 +2	34 +6	71 +0	82 +1	31 +1	85 +5	18 +6	72 +3	52 +1
49 +0	63 +9	93 +2	50 +0	38 +6	16 +5	72 +8	76 +6	79 +0
65 +2	56 +6	96 +3	60 +2	72 +6	41 +5	48 +5	50 +7	39 +4

Time: ______________ Score: ______________

62 +8	54 +1	64 +7	58 +0	29 +6	92 +5	93 +6	67 +0	46 +8
17 +5	63 +7	81 +8	86 +2	54 +2	38 +4	13 +3	85 +3	97 +6
43 +6	74 +8	56 +9	79 +4	50 +2	24 +3	86 +2	78 +4	93 +1
53 +0	70 +3	88 +6	43 +7	76 +4	82 +0	40 +2	39 +1	41 +7
43 +3	50 +4	94 +6	37 +2	97 +1	15 +5	90 +3	65 +9	27 +5
77 +8	55 +5	23 +3	53 +8	76 +2	83 +3	43 +0	87 +9	20 +1
77 +4	39 +6	89 +6	11 +3	46 +8	69 +6	60 +9	29 +3	94 +8
99 +5	41 +1	37 +2	45 +1	62 +5	73 +4	61 +9	40 +5	27 +8
44 +3	65 +0	29 +0	96 +2	67 +7	27 +6	56 +4	48 +8	40 +3

Time: ______________ Score: ______________

72 +7	59 +4	92 +6	68 +3	36 +7	23 +6	45 +4	33 +6	14 +3
19 +9	74 +7	46 +9	95 +0	21 +7	95 +0	78 +6	20 +0	36 +7
84 +8	52 +3	15 +6	31 +2	52 +8	80 +1	38 +1	51 +0	32 +8
34 +8	43 +4	47 +7	18 +1	18 +8	34 +2	97 +9	55 +5	75 +2
58 +1	68 +8	92 +9	42 +9	94 +4	32 +1	25 +8	55 +7	27 +8
32 +2	84 +7	32 +1	14 +9	26 +1	66 +7	64 +2	17 +1	68 +6
70 +6	98 +5	28 +3	43 +8	34 +8	74 +4	59 +6	83 +6	70 +4
64 +9	34 +9	45 +9	48 +3	21 +3	24 +0	70 +2	89 +4	76 +0
52 +2	57 +8	46 +2	37 +2	61 +6	66 +8	95 +6	44 +2	19 +8

Improve Your Math Fluency Series

Time: _____   Score: _____

50 +2	80 +7	97 +1	33 +3	78 +2	34 +2	78 +6	96 +8	74 +9
36 +0	70 +0	35 +7	26 +5	88 +1	57 +4	96 +9	59 +6	62 +2
72 +5	90 +9	95 +7	36 +0	76 +4	73 +7	44 +5	41 +5	68 +7
41 +5	81 +5	15 +9	13 +8	90 +5	29 +6	97 +5	21 +1	56 +6
11 +1	46 +0	64 +9	58 +5	37 +0	71 +2	29 +4	22 +8	14 +8
79 +3	62 +9	58 +5	56 +3	94 +5	61 +1	14 +1	22 +4	62 +9
19 +5	98 +2	79 +5	21 +9	17 +4	62 +4	87 +2	89 +9	13 +8
10 +2	62 +9	39 +8	67 +6	41 +5	21 +8	51 +5	38 +8	46 +2
44 +8	13 +5	71 +9	46 +8	86 +8	61 +1	86 +1	42 +9	77 +9

10,000 Addition Problems Practice Workbook

Time: _____   Score: _____

62	65	66	55	34	18	34	60	86
+9	+0	+7	+4	+0	+5	+0	+3	+7

24	35	86	54	80	95	77	22	12
+9	+2	+3	+4	+7	+2	+6	+0	+7

85	40	98	97	27	39	52	93	60
+6	+6	+5	+0	+6	+8	+1	+8	+1

58	86	15	61	92	15	76	46	39
+1	+7	+6	+0	+7	+3	+9	+4	+6

46	48	88	16	47	60	50	65	28
+8	+9	+6	+3	+6	+6	+7	+5	+1

55	94	74	13	84	29	85	50	11
+2	+0	+7	+5	+5	+7	+2	+6	+2

31	71	34	52	75	20	51	70	70
+0	+2	+7	+2	+0	+7	+3	+8	+3

48	68	23	26	42	55	43	95	55
+1	+8	+8	+9	+9	+9	+6	+1	+8

53	41	92	47	30	46	41	77	91
+7	+8	+9	+4	+3	+9	+0	+8	+7

Time: ____________ Score: ____________

55 +3	80 +0	54 +6	22 +4	77 +2	55 +5	63 +6	36 +5	17 +0
10 +0	24 +6	58 +6	58 +1	72 +1	96 +6	37 +4	98 +3	50 +4
30 +2	76 +5	23 +8	13 +8	24 +4	94 +4	56 +8	61 +7	11 +0
59 +4	82 +8	56 +9	27 +4	86 +0	39 +8	87 +6	20 +1	48 +0
81 +0	80 +7	56 +4	98 +0	90 +7	12 +0	56 +9	60 +5	57 +4
81 +9	62 +6	49 +3	18 +7	75 +5	95 +1	43 +8	73 +4	25 +7
72 +8	75 +6	33 +9	29 +8	22 +9	40 +2	29 +6	57 +1	71 +5
23 +1	31 +9	58 +4	73 +7	64 +9	71 +7	28 +3	68 +2	53 +4
49 +7	30 +9	88 +9	61 +6	36 +3	83 +3	87 +7	61 +6	86 +3

Time: ____________ Score: ____________

74 +3	84 +8	28 +0	74 +4	33 +6	36 +9	34 +6	70 +2	71 +8
59 +1	90 +4	14 +2	12 +1	91 +9	91 +9	33 +5	48 +5	16 +0
23 +8	86 +7	96 +0	13 +4	28 +7	24 +3	64 +0	13 +1	65 +8
49 +7	80 +9	77 +6	84 +5	72 +8	88 +3	17 +8	55 +7	59 +7
53 +0	79 +8	83 +5	36 +9	27 +6	76 +3	47 +0	36 +5	75 +5
44 +6	38 +7	65 +5	38 +9	68 +7	73 +9	10 +6	60 +4	85 +8
54 +4	29 +3	12 +0	34 +4	55 +2	10 +0	75 +8	37 +2	20 +3
13 +0	32 +2	74 +3	45 +0	42 +2	69 +5	12 +1	57 +5	42 +3
11 +6	73 +0	72 +0	32 +8	24 +6	69 +6	46 +9	47 +7	74 +4

Improve Your Math Fluency Series

Time: _____   Score: _____

62	32	84	56	43	50	81	56	51
+0	+8	+9	+2	+4	+0	+0	+1	+8

84	38	96	42	45	83	80	80	29
+9	+5	+7	+6	+4	+5	+5	+9	+2

90	83	98	91	30	24	84	38	23
+6	+4	+4	+9	+1	+7	+2	+9	+8

84	56	31	39	70	15	38	77	96
+8	+6	+0	+0	+8	+8	+1	+9	+2

13	93	89	48	17	88	45	95	99
+8	+9	+2	+3	+6	+3	+9	+6	+4

84	91	49	64	25	30	53	55	71
+0	+7	+4	+4	+2	+1	+4	+5	+3

83	36	59	97	10	61	54	28	98
+0	+9	+4	+5	+1	+3	+4	+8	+7

38	15	35	54	72	57	73	91	70
+8	+2	+7	+6	+4	+1	+2	+8	+3

74	12	55	75	16	31	16	41	44
+3	+0	+9	+9	+4	+5	+9	+6	+8

Time: ______________ Score: ______________

69 +4	26 +1	67 +0	87 +1	46 +3	27 +4	54 +0	68 +0	42 +9
16 +3	70 +7	60 +1	73 +6	38 +3	14 +7	24 +2	48 +1	57 +5
78 +8	78 +8	32 +6	63 +2	51 +1	86 +0	73 +5	90 +3	59 +7
24 +6	19 +0	53 +5	39 +5	11 +7	14 +6	16 +3	98 +1	98 +5
19 +2	51 +7	44 +1	53 +6	14 +5	67 +7	34 +9	41 +6	18 +2
74 +1	25 +9	91 +2	71 +6	84 +2	48 +0	53 +3	68 +7	68 +2
32 +0	94 +6	46 +5	91 +7	17 +9	17 +9	41 +8	23 +3	38 +9
99 +9	14 +1	93 +6	55 +5	35 +4	31 +1	90 +0	77 +4	62 +6
44 +9	56 +4	97 +6	13 +0	78 +2	45 +6	68 +7	33 +2	24 +3

Improve Your Math Fluency Series

Time: _____   Score: _____

| 99 | 80 | 31 | 49 | 66 | 53 | 53 | 33 | 74 |
|+0|+2|+7|+9|+3|+4|+8|+6|+4|

| 71 | 91 | 81 | 59 | 50 | 97 | 28 | 33 | 69 |
|+3|+0|+3|+9|+7|+7|+9|+8|+6|

| 36 | 69 | 82 | 60 | 54 | 70 | 13 | 22 | 26 |
|+1|+5|+0|+6|+4|+1|+7|+3|+4|

| 18 | 93 | 77 | 12 | 60 | 95 | 98 | 96 | 27 |
|+7|+6|+4|+0|+3|+0|+2|+6|+5|

| 61 | 86 | 29 | 62 | 14 | 64 | 86 | 72 | 25 |
|+5|+4|+7|+9|+3|+5|+2|+6|+1|

| 14 | 57 | 31 | 88 | 41 | 29 | 73 | 25 | 89 |
|+5|+1|+0|+7|+3|+0|+8|+9|+1|

| 73 | 59 | 42 | 57 | 32 | 82 | 22 | 17 | 70 |
|+6|+2|+5|+7|+3|+2|+0|+6|+4|

| 81 | 98 | 29 | 22 | 41 | 81 | 69 | 15 | 75 |
|+0|+6|+6|+2|+7|+0|+5|+4|+5|

| 22 | 19 | 68 | 59 | 16 | 22 | 35 | 21 | 46 |
|+6|+8|+2|+9|+7|+2|+7|+1|+6|

10,000 Addition Problems Practice Workbook

Time: _____   Score: _____

29 +7	39 +0	95 +9	82 +3	50 +5	23 +9	25 +1	59 +4	82 +1
16 +0	67 +4	23 +2	13 +1	92 +6	30 +7	60 +1	72 +6	15 +3
56 +5	89 +6	33 +6	97 +0	65 +6	25 +0	74 +0	62 +2	12 +8
72 +4	55 +8	19 +8	32 +7	64 +0	81 +4	63 +3	55 +3	96 +3
87 +3	15 +6	90 +4	83 +9	88 +7	12 +7	74 +6	99 +9	19 +6
95 +4	59 +9	94 +9	49 +5	59 +0	98 +7	39 +7	42 +5	52 +3
37 +4	57 +6	46 +1	11 +2	11 +6	31 +3	28 +0	35 +7	97 +3
17 +6	62 +0	58 +2	91 +1	74 +4	23 +7	33 +2	73 +2	67 +4
26 +3	65 +2	21 +3	13 +3	13 +9	61 +8	16 +5	73 +0	30 +8

Part 3: Practice Double-Digit Plus Double-Digit Numbers

10	92	13	51	31	47	19	82	99
+45	+54	+87	+10	+13	+18	+97	+49	+10

43	18	34	10	83	38	43	52	78
+78	+20	+84	+10	+13	+65	+40	+71	+71

97	40	51	80	81	50	82	61	67
+40	+97	+93	+77	+81	+14	+94	+47	+95

83	99	80	47	52	14	45	85	43
+62	+80	+54	+41	+90	+88	+26	+41	+77

17	52	37	98	51	32	53	85	74
+26	+56	+13	+55	+27	+99	+42	+29	+15

33	57	44	35	14	45	41	94	32
+35	+91	+91	+62	+10	+38	+75	+33	+26

92	80	44	92	17	68	38	60	97
+28	+20	+26	+87	+66	+83	+80	+48	+19

73	15	31	25	66	87	40	87	27
+77	+20	+16	+37	+65	+74	+72	+83	+13

38	77	19	36	58	10	90	32	88
+60	+77	+12	+79	+88	+29	+68	+63	+77

Time: ______________ Score: ______________

49 +72	77 +88	80 +86	72 +42	29 +58	93 +40	95 +97	63 +33	31 +78
77 +27	68 +52	87 +93	44 +67	15 +68	15 +18	28 +21	13 +43	73 +12
50 +85	34 +23	38 +36	69 +49	51 +55	80 +36	90 +83	83 +52	11 +22
43 +45	72 +93	76 +99	93 +91	98 +32	27 +69	79 +68	33 +82	86 +44
26 +52	16 +93	26 +66	44 +69	20 +51	89 +99	58 +88	86 +55	37 +51
22 +29	97 +29	90 +90	76 +94	67 +93	24 +55	35 +43	28 +13	23 +26
21 +75	75 +99	93 +72	97 +64	71 +74	87 +89	77 +35	91 +33	96 +13
57 +98	77 +11	75 +75	52 +86	18 +14	93 +35	14 +57	23 +44	41 +16
13 +78	92 +16	58 +62	13 +77	48 +59	44 +16	43 +38	90 +59	35 +39

Improve Your Math Fluency Series

Time: _____   Score: _____

43	62	46	63	43	51	30	33	39
+86	+83	+13	+56	+43	+70	+72	+13	+67

32	81	60	29	92	95	98	50	72
+88	+34	+89	+48	+91	+93	+28	+80	+87

28	63	99	67	37	90	90	63	16
+79	+41	+35	+50	+88	+99	+53	+65	+14

87	63	41	11	78	82	24	94	18
+90	+77	+10	+29	+60	+74	+34	+36	+64

78	69	64	73	19	35	79	87	90
+90	+30	+97	+86	+77	+45	+35	+97	+51

78	75	42	38	75	25	72	75	28
+77	+40	+50	+51	+45	+24	+56	+49	+28

89	13	29	39	64	32	55	23	71
+26	+87	+33	+65	+33	+87	+73	+91	+41

96	53	64	65	81	80	26	39	17
+53	+18	+83	+71	+68	+92	+56	+96	+15

65	20	24	70	91	24	36	46	10
+97	+48	+55	+63	+50	+84	+22	+80	+19

Time: ______________ Score: ______________

72 +17	11 +94	97 +64	45 +51	56 +92	90 +34	59 +42	67 +24	90 +56
60 +35	94 +16	79 +31	97 +60	79 +94	36 +39	67 +43	30 +92	68 +97
46 +98	32 +22	30 +19	89 +55	79 +20	73 +69	75 +62	61 +46	72 +31
28 +72	65 +68	48 +24	13 +93	44 +35	12 +90	38 +39	92 +35	58 +67
89 +12	28 +29	67 +71	62 +56	14 +34	80 +18	77 +11	19 +16	21 +16
18 +62	54 +71	44 +67	18 +23	10 +73	86 +94	10 +20	26 +72	17 +12
49 +87	77 +37	17 +56	61 +58	75 +88	19 +13	24 +70	43 +34	85 +42
28 +21	11 +77	40 +96	79 +22	83 +24	23 +82	42 +50	68 +66	91 +44
71 +99	92 +87	46 +81	34 +19	13 +24	77 +59	45 +63	28 +11	63 +87

Time: ______________ Score: ______________

81 +57	18 +83	42 +71	28 +27	78 +68	97 +61	81 +77	39 +27	87 +84
92 +86	52 +25	98 +33	69 +75	10 +72	44 +47	20 +28	73 +33	49 +84
19 +32	10 +86	45 +14	30 +94	62 +70	18 +40	32 +87	69 +40	62 +40
51 +30	29 +53	66 +26	37 +51	85 +52	76 +30	52 +76	22 +95	57 +79
39 +51	85 +16	15 +49	92 +24	53 +49	80 +87	89 +68	77 +86	90 +46
11 +71	24 +57	43 +11	32 +76	74 +77	76 +80	55 +71	26 +60	13 +33
59 +94	61 +35	97 +12	46 +93	51 +26	52 +96	12 +99	92 +14	41 +36
57 +69	63 +78	14 +59	41 +98	11 +64	47 +92	57 +59	43 +70	39 +34
54 +80	22 +66	48 +83	70 +39	72 +59	13 +22	22 +25	43 +26	41 +75

10,000 Addition Problems Practice Workbook

Time: _____   Score: _____

47	59	82	48	24	33	88	76	22
+57	+10	+60	+85	+90	+20	+75	+76	+85

60	69	37	79	81	96	37	56	51
+80	+16	+27	+96	+36	+58	+95	+43	+79

37	96	56	81	11	35	44	27	15
+51	+30	+50	+12	+30	+65	+83	+17	+11

28	71	97	46	39	40	94	18	82
+79	+32	+85	+10	+17	+41	+59	+51	+16

39	55	99	66	60	99	37	41	30
+43	+64	+48	+23	+64	+53	+25	+54	+99

58	69	63	34	95	91	65	20	38
+85	+41	+78	+67	+25	+84	+63	+41	+54

71	39	95	14	99	70	18	62	87
+10	+26	+14	+37	+40	+19	+74	+96	+62

82	12	34	45	60	29	76	91	52
+23	+46	+47	+75	+44	+92	+54	+81	+20

10	38	20	21	96	34	69	24	29
+32	+89	+43	+44	+42	+52	+85	+30	+99

Improve Your Math Fluency Series

Time: _____   Score: _____

97	13	13	84	77	42	97	40	92
+36	+35	+22	+43	+22	+26	+12	+88	+96

39	56	65	47	73	58	58	18	76
+92	+21	+72	+58	+53	+36	+48	+11	+74

32	20	64	11	11	95	69	75	85
+17	+33	+16	+20	+59	+42	+80	+67	+94

76	21	24	76	15	24	41	79	16
+26	+40	+76	+61	+96	+35	+15	+94	+67

54	55	72	17	74	67	28	56	35
+70	+13	+11	+95	+14	+89	+30	+25	+19

82	15	78	63	41	61	42	74	66
+96	+66	+60	+84	+17	+25	+27	+99	+38

75	77	48	55	64	89	39	53	34
+90	+73	+98	+19	+74	+94	+19	+98	+78

42	84	56	66	49	40	59	15	14
+83	+84	+77	+44	+14	+17	+63	+15	+67

28	22	69	92	89	30	38	49	17
+32	+52	+32	+31	+93	+85	+65	+36	+91

10,000 Addition Problems Practice Workbook

Time: _____   Score: _____

40	14	94	44	87	84	32	49	63
+45	+54	+59	+46	+86	+34	+52	+63	+46

50	62	40	94	75	56	29	28	46
+45	+88	+16	+44	+98	+10	+45	+60	+94

63	92	11	45	45	37	25	51	90
+26	+76	+34	+63	+53	+38	+58	+34	+67

89	73	36	39	76	70	50	64	63
+12	+68	+28	+54	+98	+40	+47	+36	+62

73	91	15	26	91	88	82	74	83
+94	+45	+60	+75	+96	+88	+68	+49	+87

17	71	80	83	58	11	76	33	10
+24	+11	+95	+93	+53	+17	+56	+12	+43

10	58	65	52	48	47	70	56	91
+78	+65	+23	+12	+59	+63	+78	+59	+90

72	90	27	72	94	81	48	67	46
+40	+85	+52	+82	+95	+23	+65	+31	+41

17	78	14	87	31	31	16	34	50
+84	+32	+25	+93	+53	+63	+21	+22	+22

Time: ______________ Score: ______________

42 +95	46 +68	20 +78	59 +27	23 +27	61 +16	18 +27	99 +57	67 +89
30 +53	44 +34	89 +85	39 +23	82 +25	64 +27	53 +34	68 +43	16 +32
88 +93	16 +29	69 +71	64 +92	26 +50	29 +85	94 +58	92 +31	38 +66
79 +65	61 +21	61 +45	62 +81	51 +22	69 +13	29 +50	65 +22	35 +34
43 +61	78 +39	26 +34	93 +77	39 +24	99 +87	51 +41	59 +48	57 +67
66 +18	94 +51	33 +15	96 +87	43 +39	94 +94	23 +73	39 +71	70 +78
39 +12	45 +35	17 +80	45 +84	30 +41	34 +64	80 +89	27 +98	71 +67
98 +55	74 +18	25 +84	84 +72	66 +51	85 +15	84 +83	71 +13	62 +42
11 +75	83 +81	27 +69	46 +65	82 +91	88 +68	76 +33	54 +13	27 +48

Time: ______________ Score: ______________

38 +76	82 +71	76 +83	68 +87	53 +75	43 +13	67 +26	67 +61	94 +46
14 +70	36 +63	92 +73	72 +17	26 +50	77 +62	28 +28	87 +73	32 +51
46 +73	29 +98	84 +48	94 +51	76 +32	72 +56	44 +56	28 +63	32 +70
90 +44	72 +47	50 +53	37 +87	82 +50	60 +88	65 +11	50 +59	80 +72
41 +64	78 +43	55 +42	95 +63	81 +87	67 +96	16 +13	78 +13	68 +19
88 +11	76 +70	77 +53	88 +69	25 +35	62 +95	77 +19	98 +46	23 +28
91 +95	55 +64	23 +91	40 +83	62 +30	30 +49	87 +47	26 +75	17 +12
97 +43	10 +50	32 +30	42 +89	46 +26	29 +68	20 +13	97 +16	61 +67
68 +67	62 +36	31 +23	85 +85	53 +67	67 +56	55 +54	61 +90	38 +98

Improve Your Math Fluency Series

Time: _____ Score: _____

28 +76	31 +16	55 +57	71 +55	99 +26	26 +83	69 +75	49 +78	97 +30
68 +27	33 +64	95 +26	14 +94	11 +13	24 +24	46 +98	45 +42	40 +35
55 +76	42 +54	64 +81	13 +49	83 +24	31 +69	93 +13	31 +38	26 +70
56 +13	48 +89	43 +15	46 +54	15 +50	92 +66	80 +92	97 +42	86 +75
67 +86	99 +53	46 +92	47 +95	88 +92	38 +82	52 +67	44 +65	59 +46
44 +44	74 +91	84 +95	97 +97	46 +41	64 +24	95 +71	90 +34	62 +37
34 +61	66 +68	85 +99	36 +77	28 +95	36 +23	59 +24	57 +18	29 +86
12 +51	34 +24	28 +32	10 +71	44 +41	44 +26	28 +50	95 +88	75 +42
10 +35	73 +18	33 +86	15 +94	83 +60	60 +33	40 +48	84 +49	28 +17

10,000 Addition Problems Practice Workbook

Time: _____ Score: _____

53	30	36	24	11	78	19	58	67
+36	+68	+28	+36	+27	+45	+24	+35	+49

13	22	92	37	12	86	26	75	32
+72	+80	+66	+91	+86	+15	+99	+40	+66

47	59	85	57	62	73	23	43	73
+49	+39	+31	+11	+39	+25	+74	+39	+89

54	40	74	45	78	96	49	80	32
+85	+55	+83	+64	+25	+44	+37	+91	+21

39	67	89	65	64	30	20	12	66
+93	+88	+94	+47	+89	+14	+17	+93	+34

43	35	62	88	16	48	28	19	39
+13	+33	+31	+78	+98	+86	+77	+51	+26

31	97	75	78	63	10	37	47	73
+72	+52	+23	+98	+92	+42	+39	+58	+95

57	13	56	67	66	55	96	33	56
+34	+14	+12	+42	+71	+78	+67	+87	+11

95	19	86	98	51	59	45	82	65
+20	+70	+25	+64	+17	+60	+29	+14	+18

Time: ______________ Score: ______________

98	10	58	18	95	91	69	37	55
+61	+99	+97	+86	+75	+63	+66	+17	+23
49	31	83	57	30	70	88	58	11
+43	+66	+63	+37	+19	+64	+75	+84	+43
40	71	57	27	47	81	69	54	67
+27	+53	+72	+32	+90	+73	+66	+92	+70
29	65	26	62	37	62	30	39	22
+26	+92	+73	+54	+97	+88	+37	+13	+34
98	80	52	21	28	88	68	82	21
+63	+22	+53	+87	+11	+40	+81	+66	+89
45	29	31	68	68	22	88	55	31
+36	+39	+54	+22	+94	+77	+56	+12	+36
43	62	21	89	67	40	31	42	70
+51	+50	+97	+29	+57	+73	+12	+65	+28
93	27	19	23	36	69	64	35	40
+86	+40	+89	+17	+19	+85	+59	+90	+77
24	71	23	24	73	33	91	28	40
+76	+87	+23	+20	+94	+28	+71	+45	+32

10,000 Addition Problems Practice Workbook

Time: _____   Score: _____

58	61	75	11	46	53	52	95	72
+81	+37	+89	+97	+20	+23	+61	+37	+61

19	48	80	58	19	15	85	57	11
+75	+67	+96	+95	+31	+74	+48	+34	+52

27	70	17	21	37	20	73	70	88
+47	+21	+62	+44	+70	+11	+97	+90	+81

17	12	24	83	81	70	89	53	97
+80	+34	+42	+64	+70	+48	+69	+71	+30

76	25	83	76	12	19	11	99	22
+17	+86	+70	+39	+12	+85	+68	+28	+76

49	75	20	34	77	46	30	31	65
+66	+58	+26	+50	+12	+78	+46	+39	+75

80	30	42	38	60	83	52	40	78
+27	+72	+39	+92	+53	+49	+90	+77	+61

70	77	54	81	42	75	60	16	96
+48	+80	+52	+67	+46	+92	+92	+79	+46

41	87	67	65	14	30	36	68	95
+32	+52	+48	+34	+52	+53	+34	+97	+67

Improve Your Math Fluency Series

Time: _____   Score: _____

70	25	79	68	67	98	97	34	98
+88	+72	+65	+89	+82	+78	+94	+13	+58

30	62	66	34	79	30	47	29	84
+46	+42	+46	+67	+62	+29	+31	+49	+87

78	20	12	51	69	59	59	69	10
+74	+78	+36	+10	+68	+74	+43	+92	+91

26	24	64	76	74	56	48	83	30
+44	+61	+61	+64	+50	+99	+18	+76	+70

97	40	27	38	10	47	81	54	32
+94	+61	+33	+30	+44	+93	+99	+67	+75

83	34	25	85	21	54	55	21	26
+30	+16	+42	+35	+34	+38	+57	+56	+86

85	34	71	82	31	85	18	72	52
+34	+67	+11	+20	+24	+59	+64	+45	+20

49	63	93	50	38	16	72	76	79
+10	+92	+34	+17	+65	+61	+88	+69	+15

65	56	96	60	72	41	48	50	39
+30	+64	+41	+33	+67	+59	+63	+80	+53

10,000 Addition Problems Practice Workbook

Time: _____ Score: _____

62	54	64	58	29	92	93	67	46
+83	+21	+76	+10	+71	+60	+65	+17	+85

17	63	81	86	54	38	13	85	97
+56	+81	+89	+31	+28	+50	+45	+37	+64

43	74	56	79	50	24	86	78	93
+64	+89	+95	+47	+34	+45	+30	+53	+26

53	70	88	43	76	82	40	39	41
+15	+40	+66	+75	+49	+15	+35	+23	+74

43	50	94	37	97	15	90	65	27
+44	+47	+68	+29	+24	+60	+43	+95	+59

77	55	23	53	76	83	43	87	20
+89	+55	+43	+88	+32	+45	+17	+93	+20

77	39	89	11	46	69	60	29	94
+49	+66	+64	+43	+90	+68	+94	+43	+89

99	41	37	45	62	73	61	40	27
+58	+25	+28	+27	+63	+49	+95	+56	+83

44	65	29	96	67	27	56	48	40
+45	+11	+16	+30	+76	+71	+48	+82	+39

Improve Your Math Fluency Series

Time: _____ Score: _____

72	59	92	68	36	23	45	33	14
+81	+47	+69	+45	+81	+72	+47	+65	+40

19	74	46	95	21	95	78	20	36
+99	+75	+96	+15	+73	+10	+71	+10	+73

84	52	15	31	52	80	38	51	32
+89	+42	+71	+28	+83	+21	+24	+17	+82

34	43	47	18	18	34	97	55	75
+89	+50	+75	+23	+90	+34	+94	+56	+33

58	68	92	42	94	32	25	55	27
+26	+86	+94	+97	+53	+23	+87	+78	+88

32	84	32	14	26	66	64	17	68
+31	+79	+22	+95	+21	+73	+36	+25	+67

70	98	28	43	34	74	59	83	70
+67	+61	+42	+85	+82	+46	+64	+71	+54

64	34	45	48	21	24	70	89	76
+93	+97	+97	+40	+37	+17	+28	+52	+14

52	57	46	37	61	66	95	44	19
+29	+89	+28	+29	+71	+88	+72	+31	+88

10,000 Addition Problems Practice Workbook

Time: _____ Score: _____

50	80	97	33	78	34	78	96	74
+29	+73	+21	+42	+28	+33	+64	+87	+93

36	70	35	26	88	57	96	59	62
+12	+18	+81	+62	+20	+54	+98	+70	+28

72	90	95	36	76	73	44	41	68
+59	+93	+75	+12	+51	+73	+60	+62	+79

41	81	15	13	90	29	97	21	56
+55	+61	+97	+82	+63	+65	+62	+26	+64

11	46	64	58	37	71	29	22	14
+27	+18	+98	+57	+18	+36	+54	+85	+88

79	62	58	56	94	61	14	22	62
+41	+96	+58	+42	+55	+19	+22	+49	+98

19	98	79	21	17	62	87	89	13
+57	+34	+57	+97	+52	+52	+28	+97	+88

10	62	39	67	41	21	51	38	46
+34	+98	+87	+71	+62	+86	+55	+87	+31

44	13	71	46	86	61	86	42	77
+89	+63	+99	+87	+85	+26	+24	+99	+95

Time: ______________ Score: ______________

62 +93	65 +18	66 +77	55 +48	34 +16	18 +63	34 +17	60 +39	86 +73
24 +98	35 +34	86 +37	54 +47	80 +81	95 +33	77 +69	22 +16	12 +73
85 +71	40 +66	98 +61	97 +15	27 +70	39 +89	52 +23	93 +88	60 +25
58 +24	86 +79	15 +71	61 +18	92 +74	15 +37	76 +93	46 +48	39 +66
46 +88	48 +93	88 +65	16 +37	47 +67	60 +66	50 +75	65 +55	28 +19
55 +29	94 +12	74 +79	13 +63	84 +61	29 +76	85 +28	50 +69	11 +30
31 +17	71 +30	34 +73	52 +35	75 +14	20 +78	51 +39	70 +86	70 +41
48 +23	68 +85	23 +85	26 +94	42 +97	55 +91	43 +72	95 +22	55 +83
53 +75	41 +90	92 +94	47 +48	30 +40	46 +96	41 +13	77 +88	91 +76

Time: ______________ Score: ______________

55 +44	80 +13	54 +70	22 +53	77 +34	55 +58	63 +64	36 +61	17 +10
10 +17	24 +69	58 +67	58 +26	72 +23	96 +70	37 +51	98 +41	50 +51
30 +33	76 +63	23 +83	13 +90	24 +46	94 +51	56 +89	61 +80	11 +13
59 +51	82 +86	56 +96	27 +51	86 +18	39 +84	87 +68	20 +25	48 +13
81 +14	80 +80	56 +47	98 +16	90 +75	12 +18	56 +94	60 +57	57 +53
81 +91	62 +65	49 +38	18 +74	75 +62	95 +22	43 +87	73 +46	25 +75
72 +87	75 +65	33 +98	29 +84	22 +99	40 +34	29 +69	57 +25	71 +56
23 +23	31 +96	58 +46	73 +81	64 +91	71 +80	28 +37	68 +32	53 +49
49 +80	30 +97	88 +92	61 +68	36 +40	83 +37	87 +74	61 +70	86 +42

Improve Your Math Fluency Series

Time: _____   Score: _____

74	84	28	74	33	36	34	70	71
+37	+84	+16	+48	+66	+91	+71	+36	+88

59	90	14	12	91	91	33	48	16
+23	+54	+33	+24	+99	+97	+62	+60	+12

23	86	96	13	28	24	64	13	65
+89	+76	+11	+54	+78	+44	+14	+23	+86

49	80	77	84	72	88	17	55	59
+79	+95	+68	+57	+88	+40	+85	+79	+77

53	79	83	36	27	76	47	36	75
+11	+83	+60	+94	+66	+39	+18	+57	+59

44	38	65	38	68	73	10	60	85
+70	+73	+62	+95	+74	+95	+64	+48	+89

54	29	12	34	55	10	75	37	20
+52	+40	+10	+46	+28	+16	+89	+30	+39

13	32	74	45	42	69	12	57	42
+16	+28	+45	+17	+31	+62	+24	+59	+44

11	73	72	32	24	69	46	47	74
+67	+14	+13	+88	+68	+67	+95	+73	+49

10,000 Addition Problems Practice Workbook

Time: _____   Score: _____

62	32	84	56	43	50	81	56	51
+11	+89	+95	+28	+51	+14	+13	+21	+82

84	38	96	42	45	83	80	80	29
+99	+61	+81	+68	+46	+60	+58	+93	+29

90	83	98	91	30	24	84	38	23
+68	+53	+51	+92	+23	+80	+35	+95	+83

84	56	31	39	70	15	38	77	96
+88	+64	+15	+15	+86	+86	+21	+94	+36

13	93	89	48	17	88	45	95	99
+87	+97	+36	+37	+70	+45	+93	+64	+54

84	91	49	64	25	30	53	55	71
+17	+73	+48	+46	+35	+26	+49	+56	+38

83	36	59	97	10	61	54	28	98
+14	+94	+54	+57	+24	+38	+51	+89	+79

38	15	35	54	72	57	73	91	70
+86	+36	+76	+72	+54	+20	+35	+88	+45

74	12	55	75	16	31	16	41	44
+44	+14	+92	+94	+53	+57	+95	+64	+84

Time: ____________ Score: ____________

69 +47	26 +24	67 +17	87 +19	46 +45	27 +46	54 +15	68 +16	42 +95
16 +40	70 +74	60 +27	73 +66	38 +45	14 +77	24 +35	48 +25	57 +58
78 +90	78 +90	32 +71	63 +29	51 +23	86 +17	73 +57	90 +43	59 +80
24 +64	19 +11	53 +55	39 +56	11 +74	14 +70	16 +44	98 +24	98 +56
19 +29	51 +74	44 +20	53 +72	14 +59	67 +80	34 +96	41 +66	18 +34
74 +23	25 +94	91 +31	71 +65	84 +32	48 +16	53 +43	68 +75	68 +30
32 +12	94 +70	46 +62	91 +80	17 +98	17 +91	41 +88	23 +42	38 +96
99 +92	14 +25	93 +69	55 +60	35 +54	31 +21	90 +17	77 +50	62 +69
44 +97	56 +46	97 +64	13 +14	78 +33	45 +64	68 +73	33 +32	24 +40

10,000 Addition Problems Practice Workbook

Time: _____   Score: _____

99	80	31	49	66	53	53	33	74
+18	+32	+79	+99	+39	+49	+89	+65	+53

71	91	81	59	50	97	28	33	69
+42	+11	+39	+93	+74	+74	+93	+87	+71

36	69	82	60	54	70	13	22	26
+21	+59	+12	+69	+51	+27	+81	+44	+54

18	93	77	12	60	95	98	96	27
+79	+68	+48	+16	+42	+16	+30	+71	+57

61	86	29	62	14	64	86	72	25
+55	+48	+80	+95	+41	+56	+36	+65	+25

14	57	31	88	41	29	73	25	89
+55	+21	+15	+80	+39	+10	+89	+99	+21

73	59	42	57	32	82	22	17	70
+67	+36	+57	+74	+45	+31	+13	+66	+53

81	98	29	22	41	81	69	15	75
+13	+66	+68	+29	+74	+13	+57	+51	+60

22	19	68	59	16	22	35	21	46
+70	+85	+34	+94	+73	+32	+81	+19	+66

79

Improve Your Math Fluency Series

Time: _____ Score: _____

29	39	95	82	50	23	25	59	82
+78	+18	+91	+41	+63	+91	+26	+51	+20

16	67	23	13	92	30	60	72	15
+17	+49	+29	+23	+68	+81	+26	+65	+42

56	89	33	97	65	25	74	62	12
+58	+67	+70	+16	+64	+10	+18	+36	+82

72	55	19	32	64	81	63	55	96
+50	+87	+82	+74	+17	+50	+38	+40	+40

87	15	90	83	88	12	74	99	19
+37	+66	+49	+95	+79	+74	+67	+96	+66

95	59	94	49	59	98	39	42	52
+48	+93	+94	+58	+14	+74	+73	+57	+40

37	57	46	11	11	31	28	35	97
+49	+72	+20	+33	+68	+39	+16	+81	+45

17	62	58	91	74	23	33	73	67
+68	+11	+33	+23	+51	+79	+29	+33	+50

26	65	21	13	13	61	16	73	30
+41	+33	+44	+44	+99	+85	+63	+17	+84

Part 4: Practice Triple-Digit Addition

103	923	135	516	310	478	191	820
+399	+498	+858	+ 9	+ 40	+ 96	+977	+444

997	438	183	341	106	839	387	430
+ 3	+757	+121	+826	+ 2	+ 37	+619	+342

528	786	974	405	514	805	810	505
+681	+681	+333	+976	+926	+745	+796	+ 47

828	619	678	836	990	809	477	524
+933	+420	+951	+583	+781	+493	+351	+897

148	455	853	430	174	521	378	988
+867	+181	+349	+753	+185	+511	+ 43	+506

518	326	539	853	746	335	575	441
+189	+996	+362	+214	+ 57	+287	+902	+910

353	140	458	415	940	325	922	808
+585	+ 5	+317	+730	+260	+187	+209	+112

445	929	171	684	383	603	978	735
+183	+860	+630	+822	+785	+432	+106	+753

159	311	256	661	878	403	870	276
+120	+ 70	+300	+617	+717	+699	+812	+ 38

Time: ______________ Score: ______________

386 +558	771 +747	195 + 27	366 +769	582 +873	108 +219	901 +651	324 +597
889 +744	499 +690	779 +870	800 +850	723 +362	296 +537	937 +343	957 +976
630 +256	315 +759	777 +196	686 +470	870 +929	449 +639	158 +647	150 + 97
284 +131	134 +367	739 + 24	506 +842	343 +147	384 +295	694 +444	515 +506
807 +294	903 +814	838 +468	115 +134	437 +398	723 +928	762 +993	935 +900
981 +250	273 +665	791 +649	333 +809	867 +381	262 +468	168 +932	262 +622
443 +657	204 +457	893 +989	586 +874	868 +502	378 +457	228 +214	975 +216
907 +892	762 +938	674 +928	248 +503	354 +377	282 + 44	236 +188	210 +723
751 +991	935 +698	973 +609	711 +721	876 +884	773 +282	917 +257	960 + 34

Time: ______________ Score: ______________

572 +977	770 + 20	754 +727	524 +851	184 + 53	931 +280	141 +529	235 +383
414 + 72	139 +764	922 + 67	583 +584	130 +754	483 +554	445 + 77	432 +317
908 +554	350 +323	435 +845	625 +821	463 + 40	638 +517	432 +370	519 +672
309 +696	339 + 39	394 +643	322 +876	819 +271	606 +884	290 +425	924 +904
957 +932	983 +204	506 +785	720 +860	283 +774	630 +349	991 +280	675 +445
371 +867	903 +990	903 +483	630 +613	162 + 51	873 +889	637 +753	411 + 8
111 +212	783 +556	821 +716	240 +273	947 +297	180 +608	785 +891	694 +229
640 +967	736 +846	193 +750	356 +393	795 +287	874 +974	909 +457	780 +744
757 +342	421 +451	382 +458	751 +394	257 +161	721 +514	758 +443	284 +210

Improve Your Math Fluency Series

Time: _____   Score: _____

| 898 | 139 | 298 | 393 | 648 | 327 | 555 | 230 |
| +179 | +861 | +264 | +618 | +258 | +858 | +703 | +903 |

| 717 | 962 | 539 | 640 | 650 | 814 | 806 | 266 |
| +345 | +485 | + 94 | +812 | +687 | +654 | +915 | +520 |

| 392 | 174 | 655 | 200 | 245 | 700 | 913 | 245 |
| +962 | + 61 | +972 | +426 | +506 | +592 | +455 | +827 |

| 362 | 469 | 106 | 726 | 119 | 979 | 450 | 568 |
| +140 | +783 | +107 | + 80 | +939 | +610 | +466 | +911 |

| 907 | 597 | 673 | 906 | 609 | 940 | 794 | 974 |
| +267 | +363 | +162 | +519 | +282 | + 74 | +236 | +561 |

| 796 | 363 | 679 | 300 | 684 | 469 | 325 | 302 |
| +943 | +331 | +373 | +921 | +970 | +985 | +133 | +109 |

| 895 | 799 | 739 | 750 | 616 | 726 | 286 | 657 |
| +502 | +117 | +657 | +577 | +401 | +243 | +696 | +652 |

| 480 | 139 | 441 | 127 | 380 | 921 | 588 | 891 |
| +158 | +923 | +287 | +891 | +325 | +283 | +637 | + 29 |

| 284 | 673 | 625 | 144 | 807 | 775 | 194 | 210 |
| +220 | +678 | +520 | +268 | + 94 | + 13 | + 67 | + 76 |

Time: ______________ Score: ______________

181 +583	548 +678	443 +638	189 +148	106 +700	860 +943	100 +120	260 +695
175 + 22	491 +855	775 +305	175 +516	619 +538	751 +873	190 + 37	242 +668
435 +276	855 +359	287 +124	115 +750	401 +955	793 +139	835 +163	234 +806
425 +452	685 +625	913 +381	712 +994	929 +862	467 +793	348 +107	131 +163
776 +552	458 +595	281 + 11	638 +859	813 +530	184 +815	422 +678	289 +199
785 +650	974 +575	812 +752	397 +199	870 +831	923 +853	523 +169	982 +261
693 +728	102 +696	447 +418	209 +208	730 +261	498 +831	193 +253	102 +851
455 + 55	302 +938	622 +667	181 +342	325 +865	698 +342	625 +342	518 +222
299 +482	669 +182	378 +461	856 +473	760 +230	526 +733	229 +951	574 +777

Improve Your Math Fluency Series

Time: _____ Score: _____

397	853	159	927	538	804	891	776
+455	+174	+437	+161	+434	+856	+653	+854

852   927   596   1088

902	115	245	437	329	744	765	553
+409	+687	+531	+ 12	+740	+750	+787	+686

265	138	591	610	977	469	512	526
+558	+264	+933	+285	+ 24	+930	+179	+962

122	923	413	574	637	140	411	114
+994	+ 55	+290	+660	+757	+554	+981	+610

471	573	432	397	546	222	481	702
+916	+549	+673	+274	+781	+633	+814	+329

729	138	223	432	413	477	599	823
+551	+143	+168	+185	+733	+528	+ 7	+565

482	247	333	889	761	228	602	693
+838	+891	+111	+723	+734	+840	+784	+ 67

376	797	817	965	374	565	519	372
+192	+964	+291	+540	+947	+373	+770	+458

962	567	811	112	359	443	275	156
+223	+448	+ 24	+225	+613	+821	+ 78	+ 21

10,000 Addition Problems Practice Workbook

Time: _____   Score: _____

288	718	976	465	397	407	945	186
+767	+252	+843	+ 1	+ 79	+353	+550	+465

824	393	552	995	662	602	996	379
+ 68	+369	+608	+424	+154	+609	+484	+177

412	306	586	699	633	342	958	915
+498	+989	+839	+346	+765	+643	+169	+831

654	205	387	714	390	950	140	996
+596	+349	+497	+ 2	+183	+ 53	+306	+337

707	182	628	876	823	120	346	453
+100	+717	+960	+585	+146	+402	+414	+727

608	299	763	910	524	107	389	209
+382	+913	+498	+790	+115	+250	+882	+369

218	964	341	691	249	294	976	134
+381	+356	+468	+836	+233	+997	+293	+282

135	849	779	420	979	408	920	391
+141	+373	+135	+183	+ 32	+867	+963	+915

566	653	474	733	588	583	187	764
+122	+697	+542	+478	+296	+426	+ 12	+718

Improve Your Math Fluency Series

Time: _____   Score: _____

325	201	647	118	118	956	693	751
+ 86	+257	+ 67	+115	+553	+364	+780	+642

851	769	211	247	762	152	245	415
+941	+179	+336	+738	+567	+962	+284	+ 56

798	162	545	552	726	177	748	679
+941	+642	+670	+ 36	+ 14	+946	+ 53	+886

284	563	359	825	155	780	630	410
+228	+168	+102	+963	+630	+566	+830	+ 87

618	424	747	669	756	774	480	558
+170	+191	+999	+321	+892	+703	+986	+104

648	898	390	530	341	428	844	563
+720	+936	+102	+985	+760	+812	+830	+754

661	492	408	599	150	149	280	228
+379	+ 55	+ 88	+591	+ 65	+642	+247	+469

698	921	893	301	381	499	172	401
+245	+236	+926	+834	+612	+293	+908	+393

140	949	443	876	843	323	499	632
+490	+555	+406	+854	+271	+471	+594	+406

10,000 Addition Problems Practice Workbook

Time: _____   Score: _____

508	622	405	946	752	562	299	283
+396	+876	+ 71	+383	+984	+ 4	+395	+561

462	639	928	115	454	452	373	251
+941	+181	+737	+270	+595	+479	+312	+536

518	904	897	738	360	399	769	703
+272	+635	+ 31	+651	+202	+491	+980	+336

509	646	632	736	918	155	266	911
+413	+294	+580	+937	+398	+555	+722	+961

884	827	748	836	170	712	802	832
+872	+648	+436	+863	+162	+ 19	+945	+923

584	112	768	335	108	104	581	654
+482	+ 82	+520	+ 29	+368	+759	+612	+152

525	486	478	700	569	915	724	900
+ 31	+548	+589	+761	+555	+893	+334	+841

275	720	945	812	489	676	469	179
+468	+808	+948	+149	+619	+236	+349	+824

788	140	872	312	314	163	342	507
+252	+176	+931	+485	+592	+128	+143	+144

Improve Your Math Fluency Series

Time: _____   Score: _____

| 428 | 462 | 208 | 598 | 232 | 619 | 187 | 999 |
| +947 | +645 | +761 | +194 | +190 | + 76 | +198 | +527 |

| 676 | 301 | 443 | 892 | 392 | 823 | 649 | 535 |
| +886 | +480 | +268 | +840 | +154 | +170 | +194 | +269 |

| 680 | 168 | 882 | 163 | 690 | 647 | 265 | 292 |
| +367 | +246 | +928 | +213 | +677 | +918 | +447 | +835 |

| 946 | 920 | 387 | 794 | 610 | 618 | 628 | 519 |
| +540 | +241 | +624 | +614 | +124 | +399 | +793 | +134 |

| 697 | 297 | 657 | 357 | 435 | 783 | 261 | 939 |
| + 34 | +446 | +136 | +271 | +567 | +325 | +268 | +747 |

| 393 | 992 | 510 | 591 | 578 | 665 | 940 | 335 |
| +163 | +860 | +348 | +425 | +637 | + 89 | +459 | + 60 |

| 964 | 438 | 946 | 233 | 391 | 700 | 397 | 453 |
| +860 | +333 | +937 | +700 | +684 | +760 | + 28 | +287 |

| 170 | 457 | 301 | 345 | 803 | 277 | 711 | 988 |
| +782 | +824 | +349 | +610 | +886 | +985 | +638 | +502 |

| 743 | 253 | 845 | 664 | 858 | 847 | 713 | 622 |
| + 90 | +823 | +694 | +462 | + 64 | +822 | + 34 | +358 |

90

10,000 Addition Problems Practice Workbook

Time: _____   Score: _____

113	838	276	466	828	888	765	547
+723	+789	+657	+620	+902	+648	+264	+ 36

273	380	822	766	681	536	436	673
+431	+735	+678	+821	+859	+722	+ 35	+185

670	945	149	362	925	721	265	774
+569	+409	+676	+597	+707	+ 86	+445	+579

282	878	328	460	295	848	941	767
+200	+703	+462	+709	+988	+424	+456	+249

722	444	281	328	905	723	501	370
+518	+515	+595	+671	+383	+413	+479	+865

821	600	657	508	802	411	783	555
+452	+868	+ 11	+549	+697	+603	+372	+365

953	817	679	165	781	688	880	767
+598	+857	+957	+ 38	+ 42	+110	+ 20	+671

778	889	258	620	771	980	238	914
+482	+665	+283	+947	+107	+406	+207	+947

551	237	402	628	304	871	264	173
+603	+908	+816	+227	+436	+412	+728	+ 31

Time: ____________ Score: ____________

970 +367	105 +453	325 +223	421 +882	464 +186	295 +647	209 + 38	975 + 70
618 +643	689 +640	628 +296	310 +149	859 +839	536 +633	670 +514	557 +499
615 +894	386 +986	283 +734	319 + 67	557 +523	710 +509	997 +185	267 +812
699 +724	493 +760	971 +231	689 +198	335 +604	955 +178	141 +939	118 + 43
246 +162	467 +979	450 +358	409 +285	558 +736	424 +495	649 +794	132 +439
831 +158	316 +664	932 + 42	314 +321	263 +668	562 + 40	483 +884	434 + 56
465 +492	157 +447	920 +625	801 +917	971 +358	862 +727	670 +851	999 +487
463 +914	472 +950	885 +922	382 +803	522 +636	443 +622	594 +401	443 +387
749 +903	844 +951	974 +971	466 +349	648 +157	953 +688	908 +271	625 +304

10,000 Addition Problems Practice Workbook

Time: _____   Score: _____

349	663	859	365	287	364	596	574
+571	+651	+994	+748	+955	+152	+159	+ 91

296	122	349	288	108	449	445	283
+845	+461	+159	+246	+681	+349	+187	+453

953	759	101	738	337	154	831	608
+876	+355	+285	+ 99	+855	+944	+559	+260

400	848	281	530	309	363	242	118
+426	+434	+ 83	+292	+646	+205	+297	+193

781	191	583	670	136	228	928	374
+399	+164	+281	+439	+694	+782	+622	+903

124	861	267	755	325	474	596	856
+844	+ 58	+991	+340	+632	+439	+322	+234

574	627	732	238	434	738	540	402
+ 12	+325	+173	+721	+328	+886	+841	+510

743	458	787	968	497	805	325	398
+812	+607	+172	+380	+301	+900	+133	+926

670	892	653	640	303	204	129	667
+872	+943	+418	+887	+ 54	+ 78	+927	+269

Improve Your Math Fluency Series

Time: _____ Score: _____

438 + 41	358 +261	628 +235	886 +756	162 +980	489 +852	286 +747	198 +463
397 +185	315 +692	972 +472	758 +153	783 +986	632 +916	101 +365	372 +330
474 +541	733 +951	571 +271	135 + 47	567 + 32	674 +363	667 +684	552 +764
966 +639	330 +863	567 + 20	955 +121	198 +674	865 +173	985 +601	510 + 88
593 +558	459 +212	822 + 49	653 + 97	989 +571	108 +995	587 +975	181 +852
959 +732	913 +595	697 +630	379 + 83	553 +151	491 +370	317 +628	830 +596
575 +302	309 +103	701 +610	885 +731	585 +822	115 +370	409 +192	714 +487
575 +691	271 +252	475 +898	817 +700	690 +630	547 +913	675 +676	295 +184
652 +918	262 +708	629 +492	374 +971	628 +869	304 +303	392 + 39	223 +273

Time: ______________ Score: ______________

988	809	529	218	289	884	684	829
+597	+134	+479	+856	+ 14	+339	+795	+629
219	453	294	313	687	689	228	882
+883	+294	+323	+498	+137	+937	+754	+517
557	310	439	625	215	897	678	409
+ 28	+299	+455	+447	+972	+217	+522	+703
315	429	703	933	275	195	231	363
+ 28	+620	+202	+850	+336	+881	+ 88	+101
690	645	358	402	249	717	231	240
+834	+546	+893	+755	+743	+865	+152	+122
736	338	918	285	402	580	613	751
+935	+203	+685	+398	+245	+797	+303	+885
111	466	537	523	956	724	193	486
+974	+117	+151	+570	+303	+570	+730	+638
801	585	197	154	859	574	113	278
+958	+948	+233	+722	+429	+268	+471	+412
706	178	219	371	200	737	706	882
+130	+581	+385	+669	+ 20	+973	+893	+795

Time: ______________ Score: ______________

178	121	240	837	811	702	893	531
+784	+266	+362	+604	+677	+430	+656	+686
977	762	259	836	761	127	197	113
+233	+ 86	+846	+673	+332	+ 29	+843	+644
998	228	491	757	208	348	778	468
+202	+736	+632	+536	+187	+452	+ 26	+758
300	314	655	806	303	426	384	606
+400	+331	+730	+189	+695	+327	+919	+478
839	522	409	780	706	771	547	813
+442	+892	+752	+569	+425	+786	+473	+642
426	752	600	165	969	413	877	670
+407	+913	+911	+775	+402	+255	+477	+429
657	145	308	368	686	952	704	255
+270	+475	+479	+274	+969	+640	+876	+688
795	684	672	987	973	342	982	300
+614	+883	+804	+755	+939	+ 41	+539	+409
623	667	341	792	300	471	293	848
+364	+407	+635	+581	+211	+242	+433	+863

Time: ____________ Score: ____________

787 +719	202 +765	126 +292	511 + 4	693 +652	592 +715	590 +370	692 +921
104 +905	261 +379	243 +576	649 +573	769 +608	743 +452	560 +999	483 + 97
838 +738	302 +669	971 +938	408 +571	277 +257	387 +224	105 +382	475 +923
811 +996	541 +633	322 +727	831 +227	346 + 75	254 +362	855 +280	219 +276
543 +318	550 +525	217 +514	263 +852	857 +273	348 +637	713 + 16	827 +112
319 +159	855 +549	189 +610	727 +397	526 +114	499 + 3	637 +919	938 +271
508 + 86	382 +611	169 +571	726 +867	762 +658	792 + 58	656 +231	562 +603
960 +346	602 +265	722 +642	418 +546	485 +590	500 +780	395 +480	622 +821
546 +123	640 +742	588 + 1	291 +684	922 +565	932 +620	676 + 84	465 +834

Improve Your Math Fluency Series

Time: _____ Score: _____

178	630	812	863	542	381	135	858
+511	+790	+882	+234	+202	+452	+399	+301

970	430	740	567	793	507	246	865
+610	+610	+878	+948	+415	+267	+391	+233

789	936	536	708	887	438	768	829
+482	+181	+ 58	+339	+630	+722	+443	+ 59

407	390	415	436	509	949	370	976
+287	+147	+718	+386	+421	+650	+213	+156

155	904	650	279	775	556	234	532
+557	+377	+950	+550	+880	+502	+374	+867

763	831	438	873	200	770	391	891
+254	+394	+ 79	+929	+111	+433	+631	+603

110	467	695	606	293	941	996	413
+377	+895	+652	+941	+373	+878	+536	+171

374	450	625	736	614	408	272	440
+206	+192	+590	+439	+947	+514	+817	+393

653	295	968	674	275	568	480	401
+ 15	+ 74	+224	+743	+685	+429	+800	+322

Time: ______________ Score: ______________

724 +794	595 +413	929 +658	686 +395	362 +792	230 +698	451 +420	334 +615
145 +338	196 +990	748 +728	468 +957	956 + 58	211 +707	952 + 3	785 +688
200 + 11	363 +701	842 +887	520 +356	150 +685	318 +206	528 +816	800 +132
386 +156	515 + 81	322 +805	345 +888	438 +449	477 +732	180 +147	181 +898
348 +268	978 +939	559 +519	754 +258	589 +180	684 +845	926 +943	426 +974
946 +487	320 +150	254 +862	559 +755	272 +867	320 +237	842 +773	329 +142
148 +953	269 +129	664 +706	645 +299	175 +170	689 +644	706 +638	989 +576
288 +357	433 +840	346 +802	742 +407	593 +610	831 +687	703 +493	641 +925
344 +972	454 +977	485 +343	213 +309	244 + 85	705 +210	892 +473	762 + 45

Time: ______________ Score: ______________

526	574	468	373	611	668	956	443
+213	+879	+202	+220	+678	+869	+690	+241
191	506	801	975	338	781	342	784
+872	+219	+710	+128	+358	+207	+258	+607
963	749	363	706	350	262	887	571
+856	+923	+ 31	+ 94	+799	+579	+120	+497
966	594	620	728	907	954	363	765
+981	+673	+204	+547	+930	+732	+ 25	+463
730	445	413	680	412	817	157	131
+703	+560	+579	+773	+501	+575	+973	+803
906	293	975	214	567	119	462	645
+589	+612	+579	+186	+603	+191	+ 91	+980
581	373	716	292	227	145	792	629
+523	+ 89	+293	+497	+840	+874	+352	+959
586	560	947	619	148	228	621	190
+536	+363	+503	+111	+133	+439	+984	+529
980	790	210	174	625	873	896	138
+268	+527	+976	+470	+468	+205	+967	+868

10,000 Addition Problems Practice Workbook

Time: _____ Score: _____

106	626	390	676	413	214	512	389
+269	+984	+863	+686	+582	+854	+502	+855

467	440	135	715	468	866	618	860
+237	+886	+589	+996	+865	+843	+181	+164

422	770	627	653	668	553	347	180
+992	+945	+929	+ 90	+752	+422	+ 68	+590

342	602	864	240	351	865	543	806
+ 81	+328	+701	+985	+273	+302	+419	+790

957	777	220	125	852	401	986	976
+265	+656	+ 70	+703	+679	+623	+577	+ 60

276	390	522	936	603	583	861	152
+673	+886	+153	+873	+171	+160	+773	+684

613	928	150	768	464	398	460	483
+ 91	+716	+307	+923	+422	+631	+869	+932

885	163	479	609	500	651	285	554
+618	+300	+641	+627	+725	+509	+100	+212

948	744	135	845	294	853	505	113
+ 32	+777	+593	+567	+740	+203	+666	+232

Time: ______________ Score: ______________

313 + 84	712 +230	348 +705	521 +282	757 + 55	206 +765	515 +331	700 +847
707 +346	482 +145	682 +837	230 +836	269 +938	425 +977	555 +903	432 +698
956 +139	551 +815	538 +724	415 +890	923 +935	479 +433	307 +344	467 +957
415 + 35	778 +866	910 +742	555 +384	806 + 36	546 +668	225 +478	778 +277
556 +536	634 +602	369 +568	174 + 2	108 + 82	243 +666	584 +638	588 +184
725 +155	964 +674	371 +457	982 +350	502 +464	304 +264	767 +593	231 +819
138 +889	243 +404	946 +456	561 +883	617 +787	116 + 37	596 +460	822 +849
560 +958	274 +459	867 + 98	393 +826	875 +647	205 +170	489 + 42	811 + 47
801 +787	561 +413	980 + 69	904 +730	126 + 95	565 +935	608 +522	573 +481

10,000 Addition Problems Practice Workbook

Time: _____   Score: _____

818 +907	622 +617	490 +319	188 +717	752 +582	956 +135	437 +865	733 +407
256 +724	720 +856	758 +619	330 +980	291 +824	228 +996	405 +269	290 +665
573 +166	714 +516	237 +154	312 +959	587 +409	733 +797	645 +901	716 +779
287 +302	684 +247	537 +437	490 +780	304 +967	886 +918	618 +646	367 +343
835 +309	877 +711	619 +672	865 +357	747 +301	849 +824	284 + 75	747 +422
338 +631	369 +907	346 +682	706 +293	717 +868	599 +144	902 +496	149 +261
122 +156	916 +998	916 +971	338 +588	482 +565	167 + 29	230 +888	861 +743
967 + 19	137 +494	281 +758	248 +380	641 + 51	130 +147	651 +845	498 +775
806 +953	772 +652	848 +530	728 +874	883 +335	177 +834	559 +772	596 +752

Time: ______________ Score: ______________

539	790	834	365	270	768	474	363
+ 20	+812	+559	+934	+632	+329	+ 96	+528
754	446	389	656	385	689	738	104
+549	+671	+706	+581	+947	+715	+950	+609
609	856	544	291	128	346	555	104
+424	+888	+471	+340	+ 10	+402	+201	+ 71
754	371	202	137	320	748	452	420
+880	+225	+330	+ 71	+201	+393	+ 88	+240
691	126	574	427	115	735	724	329
+583	+166	+545	+380	+639	+ 48	+ 35	+873
246	693	466	472	743	625	328	842
+652	+643	+950	+710	+442	+ 20	+881	+950
562	437	508	810	567	516	846	382
+209	+465	+ 47	+ 37	+125	+801	+991	+571
968	422	451	830	809	804	292	906
+797	+645	+409	+560	+540	+923	+219	+647
838	984	912	309	242	847	383	230
+483	+457	+913	+148	+785	+285	+944	+821

10,000 Addition Problems Practice Workbook

Time: _____   Score: _____

846	567	315	392	708	153	382	773
+870	+606	+ 64	+ 65	+853	+850	+130	+938

961	139	934	896	488	177	888	454
+292	+866	+977	+289	+302	+668	+393	+931

957	998	845	910	495	649	255	302
+602	+495	+ 80	+704	+424	+405	+283	+178

535	559	714	838	368	592	970	105
+444	+522	+317	+ 49	+937	+490	+523	+163

618	541	284	983	389	152	357	540
+321	+463	+879	+774	+854	+289	+739	+695

725	572	735	912	700	741	125	554
+489	+115	+279	+867	+396	+379	+ 55	+916

751	165	317	168	419	440	696	266
+935	+481	+532	+945	+601	+829	+416	+156

673	879	462	278	543	689	425	169
+ 88	+100	+398	+403	+ 62	+ 71	+945	+333

704	608	730	380	140	245	483	572
+721	+199	+630	+396	+754	+280	+170	+538

Part 5: Practice Multi-Digit Addition

5482 + 4	108 + 8	186 + 13	4996 + 97	1027 + 782	84 + 2	1340 + 1
657 + 408	7136 + 713	4001 + 978	7705 + 933	8169 + 142	9405 + 478	9564 + 6253
8031 + 5441	907 + 416	262 + 8	4145 + 778	560 + 2	5557 + 139	270 + 99
2928 + 426	1517 + 35	919 + 912	62 + 1	757 + 385	3344 + 26	2886 + 2009
8745 + 265	8399 + 6	807 + 489	7782 + 1955	16 + 2	6554 + 37	7454 + 729
8313 + 13	7725 + 602	79 + 12	886 + 2	6867 + 63	7700 + 721	8831 + 8658
4265 + 58	9786 + 4089	331 + 78	5236 + 2764	9362 + 675	6 + 1	21 + 4
1217 + 858	366 + 23	4999 + 555	8327 + 3653	5219 + 2	9352 + 458	9941 + 9107
3253 + 69	6846 + 82	4432 + 52	66 + 9	691 + 51	9908 + 886	5519 + 511

Time: ______________ Score: ______________

2946 + 29	9445 + 9030	9353 + 55	43 + 13	75 + 26	9924 + 7283	7489 + 6489
8959 + 3543	3318 + 1312	1181 + 980	7549 + 866	3522 + 1	44 + 5	165 + 7
1604 + 625	599 + 7	385 + 169	5991 + 39	860 + 839	565 + 136	705 + 433
72 + 13	678 + 88	3443 + 896	9143 + 48	9393 + 2843	8740 + 806	414 + 79
5005 + 3527	9917 + 880	5351 + 652	9003 + 1	777 + 107	6011 + 2	7449 + 34
3679 + 6	9026 + 3065	9711 + 8616	77 + 45	9771 + 3590	7704 + 5119	4081 + 506
4546 + 512	5632 + 24	4991 + 28	2612 + 8	656 + 33	3326 + 87	733 + 91
5365 + 4107	8315 + 185	7186 + 6891	9238 + 56	966 + 1	9751 + 48	6330 + 55
5099 + 84	805 + 22	1726 + 1	6497 + 9	920 + 519	3403 + 427	5676 + 2459

Time: ______________ Score: ______________

1666 + 354	6055 +3129	9493 + 39	4359 + 92	9738 + 986	22 + 19	5522 +2055
6914 +6200	3189 + 461	6870 + 72	242 + 9	359 + 9	3551 + 393	1261 + 673
7107 + 29	568 + 3	1848 +1121	16 + 16	711 + 6	674 + 2	9488 + 7
72 + 2	870 + 1	3752 + 5	8864 + 584	70 + 13	4238 + 348	21 + 7
2252 + 960	2475 + 82	6632 + 506	9952 +4429	8759 + 813	19 + 2	5969 + 636
873 + 11	5771 + 8	711 + 27	6855 +6180	7775 + 279	8679 +8483	3352 + 252
7553 + 7	476 + 28	3354 + 848	32 + 8	149 + 94	700 + 4	4085 + 87
407 + 300	2645 + 53	5257 + 515	3078 + 760	799 + 95	1667 + 510	2455 + 4
8707 + 490	8691 +6885	4684 + 7	110 + 57	7758 + 76	8088 + 718	60 + 3

10,000 Addition Problems Practice Workbook

Time: _____ Score: _____

940	1217	966	1496	694	781	983
+ 356	+ 937	+ 261	+ 9	+ 361	+ 5	+ 6

924	705	803	3969	5964	267	759
+ 594	+ 346	+ 66	+ 832	+ 2	+ 25	+ 575

6087	854	7512	7606	1605	9682	5864
+ 106	+ 90	+ 20	+ 85	+ 805	+ 273	+3627

952	793	3010	1220	839	17	3270
+ 435	+ 512	+ 503	+ 3	+ 65	+ 1	+ 79

8589	417	5957	1620	4822	2387	5363
+ 101	+ 171	+ 5	+ 432	+ 647	+ 648	+ 259

548	4120	788	8482	6367	1018	1485
+ 99	+ 855	+ 67	+2527	+ 41	+ 547	+ 265

4041	1902	6270	2321	754	444	8114
+ 3	+ 7	+ 964	+ 4	+ 47	+ 92	+5482

203	893	4208	8526	99	3639	4364
+ 3	+ 43	+ 44	+ 52	+ 30	+ 3	+ 2

2220	1293	9672	7275	5309	483	7466
+ 264	+ 880	+ 923	+ 210	+ 588	+ 366	+ 1

Time: ______________ Score: ______________

33 + 17	1608 + 2	4280 + 5	8020 +6785	9470 +2611	76 + 40	6105 + 9
151 + 35	9473 + 6	703 + 132	1133 + 9	8981 +1478	251 + 30	9675 + 19
6099 + 6	847 + 179	271 + 253	9992 +3894	9032 +7327	987 + 193	9432 +7482
986 + 192	831 + 78	8477 + 778	4417 + 149	632 + 179	6 + 1	52 + 32
3211 +3125	9337 + 85	651 + 364	453 + 9	5997 + 5	8692 + 466	3444 + 52
635 + 465	888 + 457	4451 + 164	9862 + 104	60 + 45	947 + 263	7634 + 3
636 + 531	381 + 58	6716 + 345	6867 +1283	542 + 28	9821 +4027	3646 + 471
9441 + 622	4588 + 6	9652 + 75	8856 +6833	8769 +4927	1174 + 2	9509 +9311
534 + 1	5681 + 12	7 + 4	2369 + 650	593 + 128	7850 + 630	9042 + 599

10,000 Addition Problems Practice Workbook

Time: _____ Score: _____

8574	8276	9537	3132	414	3273	9385
+4011	+ 52	+2346	+ 657	+ 8	+ 2	+ 53

63	229	953	275	168	5751	8982
+ 2	+ 22	+ 681	+ 78	+ 27	+ 2	+ 53

8567	2532	2747	4311	9360	9269	85
+ 341	+ 239	+ 342	+ 3	+ 2	+7100	+ 50

5866	6529	459	814	1314	2228	3929
+3174	+ 662	+ 212	+ 221	+ 50	+ 34	+ 610

7730	8743	483	1802	5137	8742	9435
+ 34	+ 246	+ 413	+ 673	+ 15	+ 399	+ 73

7842	359	841	64	8978	6750	1816
+ 716	+ 125	+ 8	+ 41	+ 98	+5520	+ 84

7252	8399	1314	8102	658	9126	3384
+5166	+1576	+ 422	+ 7	+ 69	+6837	+ 132

761	8396	8737	2666	6123	63	7370
+ 48	+7106	+ 750	+ 132	+4681	+ 7	+1779

6218	7332	738	4817	5107	5663	70
+ 50	+ 28	+ 51	+ 98	+3247	+ 563	+ 63

Improve Your Math Fluency Series

Time: _____   Score: _____

4722	878	5070	1101	7273	4354	8718
+4451	+ 531	+ 881	+ 594	+ 642	+ 429	+6389

9616	1997	7043	6992	952	4657	9531
+ 1	+1383	+1187	+5346	+ 35	+1963	+ 28

643	834	4714	75	4304	893	267
+ 91	+ 304	+ 49	+ 1	+ 5	+ 30	+ 68

1632	6761	367	8554	5633	987	76
+ 13	+ 679	+ 23	+ 670	+ 549	+ 904	+ 16

5589	2668	7520	3084	2603	9	981
+ 571	+ 83	+ 784	+2782	+ 64	+ 1	+ 24

422	762	8149	2429	1383	136	896
+ 356	+ 545	+ 4	+ 69	+ 38	+ 70	+ 151

543	9257	7547	8665	955	9298	672
+ 5	+6631	+4224	+5383	+ 922	+ 822	+ 659

461	9559	9745	7197	3446	6863	9949
+ 449	+9128	+ 414	+2417	+ 374	+ 61	+ 77

95	243	86	32	414	268	8886
+ 23	+ 182	+ 5	+ 24	+ 7	+ 50	+4200

112

10,000 Addition Problems Practice Workbook

Time: _____ Score: _____

1891 + 3	86 + 9	6032 + 334	4910 + 483	363 + 17	68 + 28	36 + 2

4592 + 24	4958 + 353	80 + 7	6606 + 913	1530 + 8	4063 + 99	495 + 66

3110 + 390	393 + 111	2563 + 74	8982 + 395	856 + 559	8310 + 646	4422 +2553

9106 + 371	933 + 21	9489 +8851	8983 +4768	17 + 14	3428 + 9	137 + 33

7807 + 311	866 + 9	77 + 51	266 + 72	5255 +2378	9880 + 924	397 + 4

9561 + 587	344 + 1	4268 + 129	7162 + 788	6755 + 87	2097 + 118	2564 + 70

6415 + 179	602 + 291	1878 +1444	6145 + 9	977 + 8	7592 +6360	6671 + 175

433 + 236	6365 + 66	371 + 19	7582 +6493	840 + 4	5388 + 273	722 + 32

7307 + 908	6673 + 921	7089 + 26	9263 + 73	974 + 543	882 + 37	135 + 34

113

Time: ______________ Score: ______________

6374 + 2211	531 + 87	4052 + 11	8160 + 6663	365 + 89	54 + 39	9435 + 2238
5654 + 77	125 + 36	510 + 503	2961 + 97	5702 + 733	658 + 12	8652 + 2821
89 + 40	19 + 17	8513 + 5914	779 + 90	8790 + 76	23 + 20	9416 + 28
7171 + 45	817 + 320	8967 + 372	205 + 9	613 + 236	6137 + 3731	674 + 75
9625 + 953	31 + 7	4867 + 341	47 + 5	2177 + 6	702 + 44	9762 + 11
9044 + 8157	8 + 3	6439 + 42	7095 + 4872	6906 + 717	3098 + 1776	7059 + 86
3991 + 1	85 + 6	2824 + 76	5824 + 668	50 + 26	1235 + 782	46 + 39
7578 + 2708	394 + 72	927 + 530	4980 + 902	6128 + 777	8082 + 4827	6779 + 526
9218 + 466	920 + 7	4619 + 329	5293 + 4864	3433 + 5	53 + 34	9729 + 6768

Time: ______________ Score: ______________

8885 + 72	8947 +6534	8238 +7803	9453 + 13	5854 + 46	4665 + 427	6229 + 67
318 + 29	8767 + 49	7474 + 78	103 + 3	6870 + 743	9295 + 433	44 + 9
6162 + 61	6478 +5074	999 + 188	7650 + 70	9449 + 614	302 + 33	931 + 4
9966 + 670	3044 + 75	42 + 16	3528 + 34	572 + 386	86 + 56	3458 + 67
2013 +1150	5943 + 24	4576 + 6	202 + 103	3442 + 927	650 + 177	8805 + 6
6924 +1522	3082 + 643	4120 + 338	6784 + 591	802 + 631	839 + 532	7679 + 211
101 + 71	6588 +6086	1760 + 850	811 + 5	8940 +3110	507 + 281	3712 + 4
6497 + 649	8906 + 954	4743 + 340	3099 + 45	5346 +2631	4059 + 152	6675 + 750
4989 +1538	359 + 233	746 + 447	6855 + 479	2406 + 292	4396 + 6	9557 + 59

Improve Your Math Fluency Series

Time: _____   Score: _____

8922 + 552	880 + 43	4549 +3286	9368 + 171	4904 + 20	6432 + 667	905 + 4
6869 + 947	8909 + 43	5831 + 254	285 + 273	4951 + 631	952 + 563	453 + 83
1138 + 16	7687 +3021	486 + 71	820 + 390	8152 + 471	6924 +4557	81 + 72
478 + 65	99 + 4	7554 + 962	1522 + 73	7193 +1029	73 + 10	8989 + 420
28 + 7	2194 + 835	241 + 173	89 + 82	758 + 504	9 + 2	9455 + 34
3328 + 567	8607 + 262	9491 + 977	5387 + 23	780 + 87	88 + 31	7959 + 22
21 + 9	7360 +3696	6797 + 2	6743 +6192	856 + 42	4668 + 82	7186 + 649
9329 +5444	979 + 97	409 + 37	2895 + 17	5261 +1410	891 + 292	298 + 282
8826 + 710	7212 + 317	297 + 88	7398 +2153	2869 + 42	6465 + 33	9310 +8709

Time: ____________ Score: ____________

1853 + 12	81 + 62	2088 + 548	9836 + 705	5925 + 283	9375 + 7589	5168 + 12
7334 + 604	7963 + 621	6176 + 551	9 + 8	6307 + 65	6215 + 26	643 + 2
9821 + 182	571 + 180	3640 + 54	85 + 8	4169 + 963	582 + 426	5531 + 199
49 + 2	985 + 57	5743 + 3416	97 + 5	2849 + 521	9707 + 8	986 + 3
7182 + 876	624 + 86	870 + 552	897 + 313	9971 + 6	8595 + 879	2481 + 263
9508 + 992	1818 + 936	7769 + 480	16 + 6	395 + 17	7316 + 98	3721 + 34
8114 + 477	6907 + 3392	16 + 7	7111 + 661	6194 + 1540	898 + 70	8860 + 238
254 + 244	7957 + 7	7451 + 181	9315 + 3	668 + 480	939 + 882	6569 + 3
676 + 665	5587 + 753	291 + 19	7997 + 1290	6106 + 6	2827 + 76	699 + 3

Time: ______________ Score: ______________

3072 + 17	353 + 73	1495 + 78	8623 + 398	4116 + 230	8536 + 85	979 + 94
913 + 728	2254 + 833	901 + 751	9416 + 489	961 + 40	8802 + 131	7683 + 445
1327 + 701	3497 + 53	641 + 582	61 + 1	69 + 1	674 + 266	7066 +2397
4152 + 511	518 + 33	6345 + 83	46 + 9	5108 + 895	808 + 1	8642 + 514
963 + 51	1885 + 843	6827 + 25	1427 + 138	8089 + 471	7576 +1625	941 + 1
570 + 533	9169 + 656	387 + 7	6239 +2218	4666 + 879	8704 + 75	6578 + 98
99 + 84	342 + 69	5650 + 250	96 + 23	8175 + 468	9114 +8017	3229 + 37
802 + 493	9262 + 97	681 + 40	7406 +3781	4221 + 705	8423 +3716	4805 + 16
91 + 66	3642 + 71	8813 + 230	5467 + 3	9983 + 2	9744 + 62	608 + 1

Time: ______________ Score: ______________

7693 + 89	1178 + 5	78 + 44	1460 + 2	8612 + 797	9582 +6876	8872 +5775
4018 + 8	795 + 777	8315 + 118	6031 + 94	3963 + 66	186 + 57	5941 + 704
6229 + 735	7440 + 952	9555 + 6	8998 + 482	524 + 40	46 + 1	281 + 1
8923 + 302	39 + 1	4545 + 28	316 + 179	6252 + 2	591 + 442	1435 + 6
1316 + 88	6795 + 68	955 + 739	4985 + 118	9557 + 89	518 + 288	1334 + 142
821 + 213	9919 + 614	8174 + 680	6047 + 468	9312 +5866	6829 + 29	5347 +5118
9223 + 23	3565 + 80	950 + 83	8838 + 645	159 + 15	8685 + 8	9446 + 217
3633 + 8	9798 +3609	372 + 7	4543 + 938	6421 +5460	7337 +1725	4646 + 482
35 + 26	569 + 499	3853 +1449	541 + 94	5712 + 2	517 + 389	7974 + 89

Time: ______________ Score: ______________

869 + 3	726 + 76	5406 + 204	8809 +3519	4569 +4418	924 + 1	9420 + 5
57 + 9	846 + 641	4744 + 24	1900 +1798	459 + 46	1644 + 156	950 + 4
7497 + 279	6674 + 456	35 + 7	584 + 253	9061 +9031	291 + 71	1730 + 232
5799 +4311	806 + 64	557 + 11	560 + 7	7 + 4	5677 +2445	749 + 29
722 + 207	8050 + 5	667 + 96	2314 + 3	3143 + 94	6502 +3217	435 + 168
7592 +3008	7008 + 12	8092 + 627	9 + 9	886 + 42	9200 + 967	6937 + 2
606 + 54	1728 + 21	5048 + 697	972 + 460	6419 + 1	3363 + 644	7389 + 32
1882 + 40	3264 + 79	3907 + 999	896 + 499	5371 + 65	4255 +1120	3951 + 935
7429 + 747	93 + 87	7117 + 21	5948 +1211	692 + 510	2721 + 8	54 + 44

Time: ____________ Score: ____________

6869 + 7	4838 + 1	1654 + 427	7121 + 3032	559 + 57	4872 + 80	952 + 4
5633 + 3651	6508 + 25	217 + 5	8053 + 15	397 + 10	8936 + 99	6752 + 2173
572 + 366	745 + 45	3165 + 13	5355 + 6	6677 + 1308	68 + 29	1361 + 743
5715 + 5	6046 + 70	3409 + 85	940 + 7	81 + 32	664 + 19	188 + 78
9128 + 4151	632 + 91	516 + 26	2081 + 1	4980 + 29	6865 + 2	261 + 81
6500 + 4	6745 + 588	1600 + 70	6425 + 10	1899 + 369	5070 + 8	873 + 82
1788 + 74	5091 + 385	4020 + 407	3719 + 6	9574 + 4967	7912 + 7	9612 + 6790
4855 + 66	9459 + 939	582 + 142	7492 + 737	575 + 407	722 + 494	201 + 3
39 + 6	81 + 16	4573 + 6	339 + 114	5113 + 2322	79 + 29	5065 + 3312

Improve Your Math Fluency Series

Time: _____ Score: _____

3301 + 41	44 + 4	851 + 9	1721 + 6	5746 + 84	719 + 217	72 + 66
7690 +2601	6083 + 603	194 + 36	7780 + 223	762 + 7	3587 +1444	876 + 7
5313 + 11	3091 + 34	8775 + 36	952 + 921	8 + 1	80 + 2	568 + 5
2417 + 77	6031 + 58	1854 + 95	2724 + 209	3679 + 768	5129 +3027	953 + 678
5332 + 75	2285 + 57	712 + 171	3385 + 78	8340 +6709	102 + 79	501 + 8
5718 +4486	8288 +1590	5063 + 366	4142 + 35	1532 + 27	6023 +2080	7702 + 664
8605 + 314	7328 +6614	206 + 47	7276 + 558	311 + 2	9928 +4745	5739 + 164
745 + 67	5470 + 2	779 + 6	4863 + 301	6281 + 919	8893 + 37	981 + 536
5791 + 71	7015 + 146	8114 + 18	9 + 2	5525 + 63	2338 + 25	902 + 67

10,000 Addition Problems Practice Workbook

Time: _____   Score: _____

860	4907	9708	6031	7954	80	3855
+ 295	+ 325	+ 897	+5463	+ 56	+ 21	+ 46

8852	675	4965	93	711	2897	16
+1509	+ 448	+ 98	+ 92	+ 9	+ 5	+ 12

74	3525	6826	6854	2527	3514	6492
+ 27	+ 54	+ 630	+ 97	+2382	+ 12	+ 21

8365	8210	3834	3694	5489	3174	5213
+ 484	+4386	+ 230	+ 7	+ 581	+ 948	+ 880

1922	1724	9615	5553	1171	5831	2855
+ 620	+ 32	+ 4	+ 517	+ 489	+1349	+ 222

93	1531	6060	383	8306	874	5967
+ 70	+ 1	+ 90	+ 5	+ 127	+ 642	+2168

279	4743	609	5774	3771	9710	948
+ 98	+ 83	+ 35	+ 6	+ 60	+ 504	+ 4

7321	8695	674	8759	9886	412	691
+ 671	+6462	+ 59	+ 375	+2295	+ 3	+ 485

9254	7989	2213	678	813	7412	683
+5381	+ 3	+ 63	+ 398	+ 610	+ 69	+ 74

Time: ______________ Score: ______________

7127 + 210	33 + 5	980 + 81	4201 + 549	4559 + 300	3912 + 60	3308 +2846
8258 +4178	65 + 62	2273 + 671	7529 + 82	7511 + 34	2627 + 317	8401 +2144
6811 +2860	2497 + 8	9577 + 2	7236 + 9	420 + 61	958 + 112	82 + 10
3645 + 112	4341 +1385	118 + 79	8386 +7485	6772 +1289	443 + 72	3230 + 3
7506 + 14	5054 + 36	7772 +4921	420 + 37	3361 + 40	7124 +4467	8273 +1115
6562 +2451	558 + 442	7401 + 81	8609 + 63	9822 +8193	1792 + 602	4401 +2504
781 + 557	9870 + 176	5643 +3879	4047 +3130	5012 + 3	8021 + 470	7592 + 417
1537 + 6	470 + 77	5605 + 906	2303 + 29	8190 + 160	9550 +3504	7217 + 9
6456 +5156	8470 + 306	7805 +3285	617 + 327	1581 + 632	2261 + 98	484 + 9

10,000 Addition Problems Practice Workbook

Time: _____ Score: _____

3867 + 981	9826 + 467	4724 + 385	870 + 31	6312 + 173	2716 + 9	840 + 9
831 + 781	88 + 43	55 + 8	34 + 2	2313 + 30	2394 + 75	3293 + 835
43 + 31	128 + 23	658 + 338	7863 +4436	1164 + 432	587 + 94	874 + 31
1618 + 23	6054 +1473	5756 + 300	9752 + 86	1456 +1025	985 + 202	7781 + 54
8544 + 8	629 + 296	541 + 20	684 + 4	118 + 57	1858 + 797	435 + 80
6296 + 463	6597 + 796	5282 + 979	2714 + 42	3567 + 706	6045 + 91	7632 + 56
7075 + 87	4937 + 942	3705 + 7	4098 + 375	958 + 8	2910 + 45	39 + 2
665 + 85	198 + 5	429 + 184	1552 + 222	659 + 80	7902 + 577	4528 + 551
7689 + 74	9136 +5641	986 + 774	12 + 1	1551 + 647	2958 +1886	8667 + 67

Improve Your Math Fluency Series

Time: _____ Score: _____

9205	368	440	9676	449	6894	793
+6104	+ 84	+ 336	+ 9	+ 5	+ 295	+ 46

4092	5088	84	4046	1971	596	8966
+ 452	+ 51	+ 23	+ 66	+ 50	+ 205	+ 539

4182	3149	8867	3327	5126	6871	9708
+ 376	+ 609	+ 9	+ 851	+ 3	+ 7	+ 83

6246	8186	3478	833	9301	3517	6507
+ 949	+1064	+ 3	+ 14	+ 605	+2315	+ 3

6426	7779	3394	5071	1298	130	5156
+ 201	+ 4	+ 61	+ 3	+ 31	+ 4	+ 22

6616	8840	5718	64	442	4145	593
+1485	+3726	+4807	+ 19	+ 76	+1420	+ 17

8109	92	7904	7694	2637	82	911
+ 287	+ 37	+ 4	+6049	+ 442	+ 3	+ 53

5525	3812	234	963	9532	745	4617
+ 9	+ 85	+ 1	+ 82	+ 749	+ 21	+ 6

49	944	5377	6056	4413	2734	732
+ 46	+ 2	+ 105	+ 794	+2680	+ 752	+ 393

Time: ____________ Score: ____________

7202 +5201	1918 + 437	1171 + 652	7546 + 141	3398 + 20	8603 + 31	7288 + 98
484 + 314	9710 +8290	78 + 3	7095 +1020	655 + 177	4862 + 85	348 + 91
4171 + 12	3649 + 92	6877 +1382	4156 + 167	9657 + 59	82 + 17	4578 + 854
193 + 7	9497 + 93	3680 + 2	8949 +1778	1335 + 69	6476 + 876	398 + 349
325 + 5	3547 + 697	82 + 4	8696 +6843	6195 + 843	9152 + 412	7515 +3306
953 + 84	7048 +1940	2313 +2156	1889 + 955	9193 +1302	1788 + 119	12 + 8
9853 + 540	5564 + 5	6465 + 98	578 + 368	8184 + 1	30 + 5	10 + 1
981 + 1	6023 +4196	1860 + 321	85 + 8	71 + 9	3008 + 60	5375 + 147
9768 + 302	14 + 3	7165 + 90	4943 +4251	8187 +5619	9655 +7301	1233 + 866

Improve Your Math Fluency Series

Time: _____ Score: _____

443 + 110	6036 + 188	48 + 5	2132 + 703	44 + 2	7906 + 985	579 + 24
626 + 9	983 + 528	160 + 80	8181 +7655	9371 +1090	7175 +2308	4387 + 7
6319 +1898	1545 + 39	987 + 90	637 + 542	5131 +3881	35 + 13	1597 + 861
7369 + 2	7454 +6752	43 + 16	885 + 58	483 + 286	20 + 6	52 + 20
8061 + 220	2348 +2272	483 + 122	681 + 14	609 + 546	48 + 32	112 + 1
278 + 6	374 + 54	8518 + 43	9357 + 94	3015 + 617	5132 + 982	7227 + 68
9106 +6246	9892 + 487	884 + 96	8047 +3474	6858 + 407	47 + 8	9540 +7250
599 + 25	9614 +9591	822 + 14	3126 + 312	85 + 7	6985 +5359	5361 + 484
5717 + 344	566 + 101	710 + 13	1106 + 48	6895 +6207	6863 + 91	999 + 255

Time: ____________ Score: ____________

1143 + 315	6105 + 5	8951 + 978	179 + 146	8983 +7871	4367 + 49	7131 + 949
9920 +7261	832 + 121	799 + 392	52 + 3	3673 + 428	6080 + 73	9622 + 1
845 + 374	1592 + 346	1890 + 46	96 + 22	647 + 2	86 + 85	822 + 5
8252 + 11	415 + 221	9161 + 5	5 + 1	9 + 2	915 + 67	83 + 1
8541 +7824	235 + 47	1838 + 203	6904 + 7	634 + 420	5261 + 89	8419 + 294
1447 + 9	6169 + 70	2412 + 130	4763 + 16	3136 + 49	3665 + 79	649 + 72
8136 + 361	1697 + 493	7903 +5768	5478 + 272	212 + 9	848 + 52	527 + 94
4693 +1040	123 + 3	2484 +2336	97 + 65	6918 + 61	1994 + 65	6603 + 29
2495 + 52	2930 + 30	1692 + 370	935 + 82	352 + 10	6 + 4	923 + 9

Time: ____________ Score: ____________

192 + 83	6851 + 5	438 + 45	289 + 45	5397 +3537	8882 +3088	1151 + 947
1657 + 285	762 + 18	4819 + 575	959 + 728	9337 + 53	235 + 167	473 + 7
2882 + 14	5166 + 86	7826 + 295	733 + 707	5963 + 9	124 + 85	9791 + 41
7829 + 630	50 + 35	7850 + 39	22 + 9	5 + 5	494 + 89	4522 + 740
971 + 670	96 + 7	4348 + 443	8099 + 91	2826 + 82	3815 + 78	6028 + 1
6538 +5829	2467 + 37	7951 + 27	3110 + 54	6436 +4239	3114 + 466	6003 + 6
8120 +5149	4692 + 3	7474 + 285	474 + 446	6441 + 87	6986 +3572	8398 + 94
9434 + 42	3300 +2255	2819 + 872	7230 +6646	2999 + 664	528 + 8	5341 +2519
316 + 96	574 + 69	119 + 6	916 + 614	2803 + 226	3871 + 456	163 + 66

Time: ____________ Score: ____________

33 + 14	581 + 28	8376 + 49	6096 + 748	165 + 6	5040 + 964	4088 + 678
72 + 65	2281 + 3	3263 + 22	4564 + 290	2449 + 427	1439 + 28	90 + 76
955 + 285	576 + 4	72 + 9	9800 +6826	3329 + 1	2734 + 10	7299 + 86
245 + 82	722 + 140	3527 + 12	774 + 94	7495 + 124	261 + 86	7639 + 28
389 + 22	843 + 367	3209 + 80	7285 + 491	668 + 78	1957 + 4	580 + 173
598 + 95	8350 + 3	499 + 378	9280 +5151	251 + 7	8 + 3	8355 + 7
3336 + 514	3448 + 22	3968 + 377	7771 + 34	9540 + 54	409 + 59	1895 +1452
7912 +4812	6359 + 64	862 + 572	9606 +5501	981 + 489	342 + 10	6267 + 101
378 + 33	2140 + 9	8958 +1652	9053 +4251	662 + 10	595 + 22	8650 +4453

Improve Your Math Fluency Series

Time: _____   Score: _____

9925 + 28	5582 + 468	4005 + 747	659 + 9	9339 +4541	280 + 228	9117 + 574
634 + 44	119 + 67	4654 + 285	177 + 1	6960 +4963	866 + 18	8296 + 7
970 + 53	8859 +5057	9798 +2726	6 + 5	9944 +7084	8066 +6435	636 + 452
2793 + 4	90 + 37	6594 + 703	625 + 2	68 + 22	245 + 8	632 + 97
9459 + 4	47 + 7	544 + 174	942 + 633	333 + 71	7560 +5127	1448 + 462
9581 + 254	4959 + 352	3705 + 418	8252 +8009	9328 + 231	6514 + 786	8416 + 382
3082 + 87	34 + 2	6579 +1173	29 + 4	9084 +4959	85 + 2	5708 + 188
3165 + 5	8 + 8	3444 + 490	532 + 92	1476 + 175	980 + 552	7312 + 87
63 + 56	619 + 175	600 + 386	7002 + 429	7352 + 578	254 + 22	6848 + 852

Time: ______________ Score: ______________

2444 + 31	1457 + 278	5043 + 84	386 + 63	88 + 79	7575 +3805	8062 +1293
5885 + 45	392 + 77	63 + 4	593 + 342	5208 + 416	6152 + 51	4018 +2278
867 + 8	9440 +4910	520 + 74	3065 + 48	4343 +1240	77 + 52	92 + 8
1565 + 12	70 + 22	444 + 95	6120 + 8	396 + 75	5383 + 579	883 + 448
4608 + 498	1432 + 636	7321 +1104	8462 +3361	1265 + 973	1838 + 54	9108 +6927
5212 +1090	8327 + 121	6566 +1095	8646 + 947	3103 +2060	6841 + 39	3905 + 234
4608 +3702	871 + 2	3752 + 9	843 + 534	1374 + 826	6593 + 845	9530 + 37
2654 + 76	9457 + 8	680 + 87	70 + 3	2827 + 34	3726 + 432	668 + 661
432 + 7	8845 + 67	37 + 12	963 + 498	37 + 4	8845 + 283	9562 +1795

Improve Your Math Fluency Series

Time: _____ Score: _____

4963 + 44	2056 + 657	4051 + 585	348 + 333	6540 +4442	8030 + 513	556 + 43
8113 +4433	4533 + 86	9490 +3478	2657 + 5	361 + 79	9700 + 9	69 + 15
80 + 6	7847 + 844	7951 + 2	388 + 2	8259 + 541	7541 + 332	50 + 8
8091 + 14	2930 + 234	6593 +6000	1265 + 612	892 + 577	5804 +3841	4509 +4429
606 + 35	9707 + 260	717 + 80	2332 + 187	406 + 30	9197 + 31	5651 + 974
615 + 92	9774 + 16	997 + 87	831 + 766	5355 +1531	4282 + 649	6283 + 3
136 + 29	9153 + 92	9653 + 253	1247 + 1	7 + 7	6181 + 110	9866 + 93
444 + 54	9732 + 9	535 + 203	4393 + 367	7141 + 52	19 + 5	87 + 1
67 + 2	245 + 7	1461 + 79	616 + 14	375 + 3	8264 + 55	898 + 717

Time: ______________ Score: ______________

9289 + 5308	6666 + 4282	1408 + 305	2322 + 1768	2921 + 22	3124 + 882	2618 + 49
76 + 66	91 + 8	6943 + 130	1200 + 147	3255 + 797	6586 + 4976	5463 + 1
623 + 40	428 + 6	712 + 288	554 + 115	195 + 3	2434 + 9	833 + 6
4739 + 2197	7565 + 5803	42 + 3	323 + 259	644 + 574	9995 + 2076	1311 + 743
54 + 46	6607 + 2	5017 + 80	3389 + 5	9975 + 3996	6871 + 6564	9256 + 2830
7513 + 4679	9901 + 169	762 + 90	4531 + 1	8858 + 7	3409 + 680	7673 + 126
6809 + 574	9976 + 9793	393 + 247	7489 + 944	3981 + 5	754 + 55	5635 + 2917
31 + 9	261 + 103	5470 + 4661	8122 + 47	9601 + 7513	8282 + 729	200 + 90
361 + 130	662 + 67	8713 + 658	4334 + 314	4512 + 1694	7159 + 307	4600 + 85

Time: ______________ Score: ______________

4099 + 752	621 + 311	1092 + 64	95 + 76	9308 + 30	615 + 2	7929 + 82
7117 + 954	685 + 538	7201 +4991	8504 +7951	8185 +6209	5833 +2548	711 + 50
6686 +4905	7847 +6257	416 + 302	9412 + 579	9066 + 960	270 + 93	7439 + 1
927 + 188	6596 +5966	243 + 5	1433 + 968	922 + 826	6298 + 45	1501 + 15
904 + 64	689 + 7	5513 + 104	5628 + 16	5511 + 26	9959 +7630	906 + 69
8396 +5315	317 + 259	4805 + 86	7388 + 35	3601 + 55	397 + 76	7915 +3986
754 + 95	725 + 421	3049 + 669	6156 + 107	8577 +5163	101 + 9	4042 +1218
25 + 20	520 + 45	947 + 28	655 + 333	971 + 155	69 + 31	1253 + 160
8608 + 627	3103 + 45	9547 + 683	2176 + 863	4357 + 52	859 + 83	5660 +2447

Time: ______________ Score: ______________

4535 + 55	7519 + 3	7933 + 3	6229 + 708	5319 + 452	5482 + 93	486 + 86
937 + 483	832 + 758	37 + 7	545 + 4	99 + 96	918 + 330	4899 + 4
2865 + 883	718 + 61	7598 +6423	514 + 161	2470 + 453	6593 + 861	77 + 4
961 + 84	2329 + 1	6741 + 5	7759 + 67	736 + 76	6793 + 59	4235 +3671
8132 +1722	6730 +6469	6981 + 29	8791 + 969	9320 +2216	4554 + 604	7524 +5877
4889 + 164	9885 + 19	617 + 68	927 + 1	310 + 258	9359 + 615	8362 +4126
8474 + 38	9787 + 964	436 + 65	1805 + 1	3696 + 227	290 + 35	383 + 4
7632 + 743	8332 + 28	5991 + 296	7947 + 6	3041 + 564	612 + 581	71 + 48
3199 + 537	2430 + 8	113 + 55	9953 +6558	445 + 11	2017 + 981	661 + 7

Time: ______________ Score: ______________

9188 + 6	2451 + 507	94 + 64	4953 + 58	5030 + 980	7711 + 36	7219 + 386
134 + 2	155 + 9	6677 + 529	849 + 64	978 + 8	2087 +1815	3634 + 802
7 + 4	2536 + 2	41 + 13	5816 +3958	1468 + 27	4396 + 39	6164 + 8
1976 + 591	714 + 36	8789 + 449	6213 + 16	618 + 434	320 + 2	8928 + 19
9194 + 39	6853 +6227	759 + 463	8769 +4065	55 + 3	448 + 58	5987 +1370
800 + 492	7074 +1567	4632 +1718	7459 +5863	951 + 51	3420 + 7	2362 + 119
9200 + 968	9094 + 540	2276 + 354	849 + 320	2962 + 45	1828 + 609	7793 +3353
692 + 15	5455 + 30	2658 + 716	8497 + 497	5687 + 29	3292 + 712	912 + 74
1045 + 640	996 + 59	38 + 8	702 + 72	2100 +1221	87 + 4	9188 +4780

10,000 Addition Problems Practice Workbook

Time: _____   Score: _____

9135	1033	9264	5351	2003	6824	33
+ 43	+ 13	+ 4	+ 894	+ 44	+1275	+ 30

5114	57	9089	156	9328	9325	9496
+ 372	+ 25	+1149	+ 2	+ 904	+1433	+4837

694	8413	5997	4852	9257	81	4934
+ 2	+ 494	+5234	+ 745	+ 504	+ 69	+ 811

656	196	7658	842	7055	7442	6934
+ 125	+ 2	+2435	+ 361	+ 766	+ 611	+ 942

7798	3482	6871	743	6070	1427	4852
+ 7	+ 505	+ 4	+ 3	+ 1	+ 5	+1822

9614	1324	5435	8821	150	9412	5782
+ 90	+ 333	+ 815	+ 357	+ 5	+2094	+3141

1312	127	9321	799	1706	34	927
+ 20	+ 58	+2986	+ 48	+ 234	+ 8	+ 13

9904	842	3139	3406	5922	3682	450
+ 514	+ 19	+ 11	+ 78	+ 88	+ 938	+ 332

5309	753	6743	2496	614	5413	1049
+ 236	+ 13	+4341	+ 635	+ 63	+ 202	+ 421

Improve Your Math Fluency Series

Time: _____   Score: _____

974	6009	950	8687	965	204	3834
+ 686	+5846	+ 89	+5648	+ 27	+ 63	+ 249

2477	777	5049	6441	6348	413	964
+ 54	+ 8	+ 270	+ 424	+ 844	+ 4	+ 35

5910	3100	6820	84	6608	414	3077
+5512	+ 488	+ 8	+ 75	+ 35	+ 66	+ 364

6502	317	5491	9416	4263	3958	9490
+ 659	+ 65	+ 959	+ 44	+ 6	+ 766	+ 889

1998	1967	526	9549	927	838	6039
+ 766	+ 47	+ 1	+2081	+ 35	+ 62	+ 158

959	74	198	6142	37	1546	92
+ 7	+ 8	+ 47	+4673	+ 6	+ 2	+ 10

9166	9576	9301	896	506	239	564
+2996	+ 48	+ 64	+ 701	+ 69	+ 204	+ 7

55	6320	9376	1055	5346	8414	7276
+ 15	+ 861	+ 727	+ 1	+ 43	+ 285	+ 63

2120	7470	554	6716	9106	80	4171
+ 786	+ 74	+ 98	+ 891	+ 14	+ 41	+ 279

10,000 Addition Problems Practice Workbook

Answer Key

Part 1

Page 6
3	13	8	4	2	4	10	12	9
10	1	10	0	8	9	6	10	13
12	12	13	14	14	4	17	9	15
13	16	11	7	12	8	4	11	10
1	9	3	14	5	11	7	10	7
4	14	12	7	0	6	10	11	3
11	8	4	17	6	14	10	9	10
14	1	2	4	12	15	9	16	1
8	14	1	9	13	2	14	7	15

Page 7
10	15	15	9	7	12	18	7	9
8	10	17	9	6	0	3	3	7
12	3	5	10	9	9	16	12	1
6	15	16	18	11	7	13	10	11
5	9	7	9	5	17	13	13	7
3	11	16	16	15	6	5	2	2
8	16	15	15	13	16	9	11	9
14	7	14	12	0	11	5	4	3
7	9	10	7	9	3	6	13	5

Page 8
11	13	4	10	6	10	8	2	9
10	9	13	6	18	18	11	11	14
9	8	11	10	11	17	12	11	0
16	12	3	2	12	15	3	11	6
15	8	15	15	8	5	9	17	12
14	10	7	7	10	2	11	11	4
9	8	4	9	8	10	12	10	9
13	4	14	12	13	16	6	12	0
15	5	6	11	13	9	3	11	1

Page 9
6	9	15	7	14	10	8	7	13
7	9	9	14	16	5	9	11	15
13	3	3	13	8	13	12	9	8
8	12	5	9	5	8	6	11	11
8	4	12	10	2	7	7	1	1
5	10	9	1	7	17	1	7	0
12	10	5	10	15	1	7	5	11
3	7	12	8	9	9	7	12	12
15	17	11	3	1	12	8	2	13

Page 10
12	8	9	3	13	14	14	4	16
17	5	11	13	6	7	3	9	12
3	8	3	11	11	3	10	9	8
6	6	7	7	12	9	11	10	12
7	8	4	10	8	15	14	15	12
6	6	3	9	14	14	11	6	2
14	7	9	13	5	13	9	9	5
11	12	5	12	6	13	10	9	5
11	7	12	9	11	1	2	4	10

Page 11
9	5	13	12	9	3	15	14	9
12	6	4	16	9	14	12	8	11
7	11	9	7	2	8	11	1	0
9	8	17	4	3	6	14	4	8
6	11	13	7	11	13	4	7	11
13	9	12	8	10	17	11	4	7
6	4	9	3	12	7	7	14	13
9	4	6	10	8	11	11	16	5
2	11	4	4	12	6	14	3	11

Page 12
11	2	1	11	8	4	9	11	18
12	6	12	9	11	7	9	0	14
2	3	6	1	5	12	13	13	17
8	4	8	12	9	3	3	16	6
10	5	6	9	7	14	4	6	3
17	6	12	13	3	6	4	16	9
15	14	13	6	13	17	4	13	9
11	16	12	9	4	3	10	0	6
4	5	8	11	17	10	9	6	9

Page 13
6	4	14	7	16	10	6	9	9
7	13	3	12	16	5	5	7	13
6	16	2	8	7	6	6	6	14
8	13	4	7	16	9	8	8	10
16	12	5	8	18	16	14	11	16
1	6	16	17	9	0	12	2	3
7	11	7	4	9	9	13	10	17
9	16	5	14	18	8	10	8	7
8	9	1	17	6	7	1	3	5

141

Page 14

12	10	8	6	2	5	1	14	14
6	5	16	4	9	7	6	9	2
17	2	12	15	5	10	14	11	9
13	6	8	12	5	6	6	7	4
8	10	3	16	4	17	7	9	11
6	13	2	17	6	18	8	9	13
3	5	7	11	5	8	15	10	12
14	7	9	14	10	8	16	6	8
7	15	7	10	17	14	9	4	5

Page 15

10	14	15	14	11	3	7	11	13
6	7	16	6	5	12	4	15	6
11	11	12	13	9	11	8	7	8
11	10	8	11	12	13	6	9	13
9	10	8	14	15	15	0	7	7
8	13	11	14	3	14	8	13	3
18	11	10	11	7	6	12	8	0
12	4	4	11	5	8	1	9	11
12	7	3	16	10	11	9	13	12

Page 16

9	2	10	11	10	9	13	11	11
7	8	10	9	0	2	13	6	5
12	7	13	4	9	8	9	5	7
5	12	3	8	4	15	16	12	15
14	13	13	13	17	11	10	9	9
6	16	17	18	7	7	15	10	8
7	12	17	9	11	3	6	5	10
4	3	4	6	6	4	6	17	10
2	7	10	9	13	7	7	12	2

Page 17

6	8	4	3	1	10	2	7	10
6	8	15	12	8	8	10	10	8
8	8	10	5	8	8	8	6	15
12	8	15	9	8	12	7	16	3
12	14	17	10	14	2	1	9	8
3	4	7	15	9	12	9	5	4
8	13	8	16	14	3	6	9	16
7	0	5	9	12	12	15	10	5
10	7	9	15	4	10	5	8	6

Page 18

14	9	14	8	16	14	12	3	6
7	8	13	8	3	12	15	13	3
4	10	11	3	12	14	12	13	12
3	15	8	9	12	13	5	3	3
14	8	8	9	2	11	13	14	9
5	5	6	7	15	8	13	5	4
7	9	10	10	11	10	2	9	8
17	4	9	1	3	14	11	10	10
8	14	2	2	16	4	15	5	5

Page 19

12	8	15	9	5	5	9	12	11
8	10	16	14	3	7	12	7	4
5	7	5	4	9	1	16	14	15
7	2	4	14	13	10	14	10	11
7	9	14	10	0	9	6	11	8
10	12	2	6	7	11	6	5	13
8	8	6	12	9	12	12	10	12
10	14	8	13	7	16	14	7	13
5	12	10	8	4	6	4	15	15

Page 20

14	7	13	14	14	16	18	2	14
6	8	10	8	12	4	6	6	16
14	8	2	4	12	12	8	15	9
4	6	11	13	11	14	4	15	8
18	8	3	5	3	13	16	10	9
10	2	4	10	3	7	10	6	9
10	8	6	9	3	13	6	9	5
4	14	11	4	9	5	14	13	7
8	11	12	7	12	8	9	11	7

Page 21

13	5	13	5	8	14	15	6	12
5	12	15	10	6	7	3	11	15
9	15	14	11	6	4	10	11	10
4	9	14	10	11	8	5	4	10
6	8	15	5	10	5	11	15	6
15	10	4	12	9	11	3	17	2
11	9	14	3	12	12	14	5	17
14	4	5	4	10	11	14	8	9
6	6	2	11	13	7	9	12	6

Page 22

13	9	15	9	9	7	7	8	3
10	14	13	9	8	9	13	1	9
16	7	6	4	12	8	4	4	10
10	7	11	1	8	4	18	10	9
6	14	18	12	13	3	9	12	9
4	15	3	9	2	13	8	1	12
12	14	5	11	10	11	11	14	10
15	11	12	7	4	1	8	12	7
6	13	6	5	11	14	15	5	9

Page 23

6	14	10	5	9	4	13	17	16
2	6	9	6	9	9	18	11	7
11	17	16	2	11	14	8	8	13
8	12	9	8	13	8	14	2	11
1	4	15	10	3	8	6	9	8
10	14	10	8	14	6	1	5	14
6	11	12	10	4	9	10	17	8
2	14	11	12	8	9	9	11	6
11	5	15	12	16	6	9	12	16

Page 24

14	6	13	9	2	5	2	8	15
10	4	11	8	14	11	13	1	7
14	9	14	9	7	11	5	17	6
6	15	6	5	16	3	16	8	9
12	13	14	3	10	11	11	11	3
7	9	14	5	13	9	10	10	2
2	8	9	6	7	8	7	14	9
5	14	9	10	12	14	9	10	13
11	11	18	8	5	13	3	15	16

Page 25

8	7	10	5	9	10	11	7	0
0	7	11	6	7	15	7	12	8
4	12	9	8	5	13	13	12	0
9	16	14	5	8	11	14	2	4
7	14	9	9	15	0	14	10	9
16	11	7	7	12	10	11	11	8
14	13	11	10	10	5	8	6	11
2	11	9	14	15	13	5	8	8
11	11	17	11	5	11	15	11	11

Page 26

10	16	2	11	8	11	8	8	14
6	12	2	1	18	18	7	9	0
9	15	9	4	9	4	6	1	14
11	16	13	13	14	11	8	12	12
4	15	13	11	7	10	4	7	12
9	10	11	12	13	16	6	9	16
8	5	0	6	7	0	15	5	4
0	4	10	3	5	11	1	10	6
6	7	6	10	7	12	13	11	11

Page 27

5	10	17	7	7	4	7	6	12
17	8	16	9	7	13	12	16	4
14	12	13	18	3	8	10	12	9
16	11	2	3	14	8	4	16	11
8	18	10	7	6	11	12	15	13
8	16	8	10	3	3	8	10	9
8	11	9	14	1	8	8	10	16
11	2	9	10	10	6	9	17	9
10	0	14	16	4	7	9	9	11

Page 28

10	2	6	9	7	5	4	6	12
3	13	6	13	6	7	3	5	10
15	15	8	7	5	8	12	11	12
7	1	9	8	7	6	3	10	14
3	11	4	10	5	13	11	9	2
8	10	11	12	10	4	7	13	8
2	15	9	16	9	9	11	4	12
18	1	15	10	6	3	8	11	11
12	9	15	0	9	9	13	4	4

Page 29

9	9	9	13	9	8	12	8	11
9	9	10	14	11	16	11	10	12
3	11	8	11	8	7	7	4	5
7	15	11	0	8	9	11	15	6
10	12	9	14	3	11	10	12	2
5	6	2	15	6	2	15	10	9
13	7	8	12	5	10	1	6	10
7	15	8	3	10	7	11	4	12
7	9	8	14	7	3	9	2	10

Page 30

9	3	18	11	9	10	2	9	9
0	10	3	1	15	9	6	12	3
10	14	8	9	12	1	7	7	8
10	13	9	9	6	11	8	8	12
11	6	12	17	15	7	13	18	7
13	14	18	9	5	16	10	8	7
7	11	5	2	6	5	2	9	12
6	5	7	10	11	8	4	9	10
4	8	4	3	9	13	5	7	10

Part 2

Page 31
13	96	21	51	31	47	28	86	99
50	19	42	10	83	44	46	58	84
100	49	60	87	88	50	91	65	76
88	106	84	50	60	22	46	88	50
18	57	37	103	52	41	56	87	74
35	66	53	40	14	48	48	96	33
94	81	45	100	23	76	45	64	98
80	16	31	28	72	94	46	95	27
43	84	19	43	66	12	96	37	95

Page 32
55	85	88	75	34	96	104	65	38
78	72	96	50	21	15	29	16	73
58	35	40	73	56	82	98	87	12
46	81	85	102	100	33	85	41	89
30	25	32	50	24	98	66	91	41
24	99	98	85	76	29	38	28	24
28	84	99	103	78	95	79	93	96
66	77	82	60	18	95	19	26	41
20	92	63	20	53	44	46	95	38

Page 33
51	70	46	68	46	57	36	33	45
40	83	68	33	101	104	100	57	80
35	66	101	71	45	99	94	69	16
95	70	41	13	83	89	26	96	24
86	71	73	81	26	38	81	96	94
85	78	46	42	78	26	77	79	30
90	21	31	45	66	40	62	32	74
100	53	72	71	87	89	31	48	17
74	24	29	75	95	32	37	53	11

Page 34
72	20	103	49	65	92	62	68	95
62	94	81	102	88	39	70	39	77
55	33	31	94	80	79	80	65	74
34	71	49	22	46	20	41	94	64
89	30	73	67	16	80	77	19	21
23	60	50	19	17	95	11	32	17
57	80	22	66	83	19	30	45	88
29	18	49	80	84	31	46	74	94
80	100	53	35	14	82	50	28	71

Page 35
86	26	48	29	84	102	88	40	95
100	53	100	76	16	48	22	75	57
21	18	45	39	68	21	40	72	65
53	33	67	41	89	78	59	31	64
43	85	19	93	57	88	95	85	94
17	29	43	39	81	83	61	31	15
68	63	97	55	52	61	21	92	43
63	70	19	50	17	56	62	49	41
61	28	56	73	77	14	23	44	48

Page 36
52	59	87	56	32	34	95	83	30
67	69	38	88	83	101	46	59	58
41	98	60	81	13	41	52	27	15
35	73	105	46	39	43	99	22	82
42	61	103	67	66	103	38	45	39
66	72	70	40	96	99	70	23	42
71	40	95	17	102	71	25	71	92
83	16	38	52	63	38	80	98	53
12	46	23	24	99	38	77	26	38

Page 37
99	15	14	87	78	43	97	48	101
48	57	71	52	77	60	62	18	83
32	22	64	12	16	98	76	81	94
77	24	31	81	24	26	41	88	22
60	55	72	26	74	75	30	57	36
91	21	83	71	41	62	43	83	69
83	84	57	56	71	98	40	62	41
50	92	63	69	49	40	64	15	20
30	26	71	94	98	38	44	51	26

Page 38
43	18	99	48	95	86	36	54	67
53	70	40	97	84	56	32	33	55
64	99	13	50	49	40	30	53	96
89	79	38	43	85	73	54	66	68
82	94	20	33	100	96	88	78	91
18	71	89	92	62	11	81	33	13
17	64	66	52	53	52	77	61	99
75	98	31	80	103	82	54	69	49
25	80	15	96	35	36	17	35	51

Page 39

51	52	27	60	24	61	19	104	75
34	46	97	40	83	65	55	71	18
97	18	75	73	30	37	99	94	44
85	62	64	69	52	69	33	66	37
48	81	28	100	40	107	54	63	63
66	98	33	104	46	103	30	45	77
39	47	24	53	33	40	88	36	77
103	74	33	90	70	85	92	71	65
18	90	33	52	91	94	78	54	31

Page 40

45	88	84	76	60	43	68	72	98
20	41	99	72	30	82	30	94	36
53	38	88	98	78	77	49	33	38
93	76	54	45	86	68	65	55	86
47	81	58	100	89	76	16	78	69
88	82	81	94	27	71	78	102	25
100	61	32	48	64	34	91	33	17
100	14	34	50	47	35	20	97	67
74	64	32	93	59	72	59	69	47

Page 41

35	31	60	76	100	34	76	56	99
69	39	96	23	11	25	55	48	42
62	46	71	17	84	37	93	34	32
56	56	43	50	19	98	89	100	93
75	103	55	56	97	46	58	50	63
47	83	93	106	49	65	101	92	65
39	72	94	43	37	37	60	57	37
16	35	30	16	47	45	32	103	78
12	73	41	24	88	62	44	88	28

Page 42

55	36	38	26	12	81	20	60	71
19	29	98	46	20	86	35	78	38
51	62	87	57	65	74	30	46	81
62	45	82	51	79	99	52	89	33
48	75	98	69	72	30	20	21	68
43	37	64	95	25	56	35	23	40
37	101	76	87	72	13	40	52	82
59	13	56	70	72	62	102	41	56
96	25	87	104	51	64	47	82	65

Page 43

103	19	67	26	102	96	75	37	56
52	37	88	60	31	76	95	66	14
41	75	63	29	55	88	75	63	73
30	74	33	66	46	70	33	39	24
103	81	56	29	28	91	75	88	29
47	32	35	69	77	29	93	55	33
47	66	30	91	72	47	31	48	72
101	30	27	23	37	77	69	43	47
31	79	24	25	82	35	97	31	42

Page 44

65	64	83	20	47	54	57	98	77
26	54	89	67	21	22	89	59	15
31	71	22	24	43	20	82	78	95
24	14	27	89	87	74	95	59	99
76	33	89	79	12	27	17	101	29
55	80	21	38	77	53	34	34	72
81	36	45	47	64	87	60	47	83
74	84	58	87	46	84	69	23	100
43	91	71	67	18	34	38	77	101

Page 45

78	31	85	76	75	105	106	34	103
34	65	70	40	84	32	49	33	92
85	27	14	51	75	66	62	78	19
29	29	69	82	78	65	48	90	36
106	45	29	40	13	56	90	60	39
85	34	28	87	23	57	60	26	34
87	40	71	83	32	90	24	75	53
49	72	95	50	44	21	80	82	79
67	62	99	62	78	46	53	57	43

Page 46

70	55	71	58	35	97	99	67	54
22	70	89	88	56	42	16	88	103
49	82	65	83	52	27	88	82	94
53	73	94	50	80	82	42	40	48
46	54	100	39	98	20	93	74	32
85	60	26	61	78	86	43	96	21
81	45	95	14	54	75	69	32	102
104	42	39	46	67	77	70	45	35
47	65	29	98	74	33	60	56	43

Page 47

79	63	98	71	43	29	49	39	17
28	81	55	95	28	95	84	20	43
92	55	21	33	60	81	39	51	40
42	47	54	19	26	36	106	60	77
59	76	101	51	98	33	33	62	35
34	91	33	23	27	73	66	18	74
76	103	31	51	42	78	65	89	74
73	43	54	51	24	24	72	93	76
54	65	48	39	67	74	101	46	27

Page 48

52	87	98	36	80	36	84	104	83
36	70	42	31	89	61	105	65	64
77	99	102	36	80	80	49	46	75
46	86	24	21	95	35	102	22	62
12	46	73	63	37	73	33	30	22
82	71	63	59	99	62	15	26	71
24	100	84	30	21	66	89	98	21
12	71	47	73	46	29	56	46	48
52	18	80	54	94	62	87	51	86

Page 49

71	65	73	59	34	23	34	63	93
33	37	89	58	87	97	83	22	19
91	46	103	97	33	47	53	101	61
59	93	21	61	99	18	85	50	45
54	57	94	19	53	66	57	70	29
57	94	81	18	89	36	87	56	13
31	73	41	54	75	27	54	78	73
49	76	31	35	51	64	49	96	63
60	49	101	51	33	55	41	85	98

Page 50

58	80	60	26	79	60	69	41	17
10	30	64	59	73	102	41	101	54
32	81	31	21	28	98	64	68	11
63	90	65	31	86	47	93	21	48
81	87	60	98	97	12	65	65	61
90	68	52	25	80	96	51	77	32
80	81	42	37	31	42	35	58	76
24	40	62	80	73	78	31	70	57
56	39	97	67	39	86	94	67	89

Page 51

77	92	28	78	39	45	40	72	79
60	94	16	13	100	100	38	53	16
31	93	96	17	35	27	64	14	73
56	89	83	89	80	91	25	62	66
53	87	88	45	33	79	47	41	80
50	45	70	47	75	82	16	64	93
58	32	12	38	57	10	83	39	23
13	34	77	45	44	74	13	62	45
17	73	72	40	30	75	55	54	78

Page 52

62	40	93	58	47	50	81	57	59
93	43	103	48	49	88	85	89	31
96	87	102	100	31	31	86	47	31
92	62	31	39	78	23	39	86	98
21	102	91	51	23	91	54	101	103
84	98	53	68	27	31	57	60	74
83	45	63	102	11	64	58	36	105
46	17	42	60	76	58	75	99	73
77	12	64	84	20	36	25	47	52

Page 53

73	27	67	88	49	31	54	68	51
19	77	61	79	41	21	26	49	62
86	86	38	65	52	86	78	93	66
30	19	58	44	18	20	19	99	103
21	58	45	59	19	74	43	47	20
75	34	93	77	86	48	56	75	70
32	100	51	98	26	26	49	26	47
108	15	99	60	39	32	90	81	68
53	60	103	13	80	51	75	35	27

Page 54

99	82	38	58	69	57	61	39	78
74	91	84	68	57	104	37	41	75
37	74	82	66	58	71	20	25	30
25	99	81	12	63	95	100	102	32
66	90	36	71	17	69	88	78	26
19	58	31	95	44	29	81	34	90
79	61	47	64	35	84	22	23	74
81	104	35	24	48	81	74	19	80
28	27	70	68	23	24	42	22	52

Page 55

36	39	104	85	55	32	26	63	83
16	71	25	14	98	37	61	78	18
61	95	39	97	71	25	74	64	20
76	63	27	39	64	85	66	58	99
90	21	94	92	95	19	80	108	25
99	68	103	54	59	105	46	47	55
41	63	47	13	17	34	28	42	100
23	62	60	92	78	30	35	75	71
29	67	24	16	22	69	21	73	38

Part 3

Page 56
55	146	100	61	44	65	116	131	109
121	38	118	20	96	103	83	123	149
137	137	144	157	162	64	176	108	162
145	179	134	88	142	102	71	126	120
43	108	50	153	78	131	95	114	89
68	148	135	97	24	83	116	127	58
120	100	70	179	83	151	118	108	116
150	35	47	62	131	161	112	170	40
98	154	31	115	146	39	158	95	165

Page 57
121	165	166	114	87	133	192	96	109
104	120	180	111	83	33	49	56	85
135	57	74	118	106	116	173	135	33
88	165	175	184	130	96	147	115	130
78	109	92	113	71	188	146	141	88
51	126	180	170	160	79	78	41	49
96	174	165	161	145	176	112	124	109
155	88	150	138	32	128	71	67	57
91	108	120	90	107	60	81	149	74

Page 58
129	145	59	119	86	121	102	46	106
120	115	149	77	183	188	126	130	159
107	104	134	117	125	189	143	128	30
177	140	51	40	138	156	58	130	82
168	99	161	159	96	80	114	184	141
155	115	92	89	120	49	128	124	56
115	100	62	104	97	119	128	114	112
149	71	147	136	149	172	82	135	32
162	68	79	133	141	108	58	126	29

Page 59
89	105	161	96	148	124	101	91	146
95	110	110	157	173	75	110	122	165
144	54	49	144	99	142	137	107	103
100	133	72	106	79	102	77	127	125
101	57	138	118	48	98	88	35	37
80	125	111	41	83	180	30	98	29
136	114	73	119	163	32	94	77	127
49	88	136	101	107	105	92	134	135
170	179	127	53	37	136	108	39	150

Page 60
138	101	113	55	146	158	158	66	171
178	77	131	144	82	91	48	106	133
51	96	59	124	132	58	119	109	102
81	82	92	88	137	106	128	117	136
90	101	64	116	102	167	157	163	136
82	81	54	108	151	156	126	86	46
153	96	109	139	77	148	111	106	77
126	141	73	139	75	139	116	113	73
134	88	131	109	131	35	47	69	116

Page 61
104	69	142	133	114	53	163	152	107
140	85	64	175	117	154	132	99	130
88	126	106	93	41	100	127	44	26
107	103	182	56	56	81	153	69	98
82	119	147	89	124	152	62	95	129
143	110	141	101	120	175	128	61	92
81	65	109	51	139	89	92	158	149
105	58	81	120	104	121	130	172	72
42	127	63	65	138	86	154	54	128

Page 62
133	48	35	127	99	68	109	128	188
131	77	137	105	126	94	106	29	150
49	53	80	31	70	137	149	142	179
102	61	100	137	111	59	56	173	83
124	68	83	112	88	156	58	81	54
178	81	138	147	58	86	69	173	104
165	150	146	74	138	183	58	151	112
125	168	133	110	63	57	122	30	81
60	74	101	123	182	115	103	85	108

Page 63
85	68	153	90	173	118	84	112	109
95	150	56	138	173	66	74	88	140
89	168	45	108	98	75	83	85	157
101	141	64	93	174	110	97	100	125
167	136	75	101	187	176	150	123	170
41	82	175	176	111	28	132	45	53
88	123	88	64	107	110	148	115	181
112	175	79	154	189	104	113	98	87
101	110	39	180	84	94	37	56	72

Page 64

137	114	98	86	50	77	45	156	156
83	78	174	62	107	91	87	111	48
181	45	140	156	76	114	152	123	104
144	82	106	143	73	82	79	87	69
104	117	60	170	63	186	92	107	124
84	145	48	183	82	188	96	110	148
51	80	97	129	71	98	169	125	138
153	92	109	156	117	100	167	84	104
86	164	96	111	173	156	109	67	75

Page 65

114	153	159	155	128	56	93	128	140
84	99	165	89	76	139	56	160	83
119	127	132	145	108	128	100	91	102
134	119	103	124	132	148	76	109	152
105	121	97	158	168	163	29	91	87
99	146	130	157	60	157	96	144	51
186	119	114	123	92	79	134	101	29
140	60	62	131	72	97	33	113	128
135	98	54	170	120	123	109	151	136

Page 66

104	47	112	126	125	109	144	127	127
95	97	121	108	24	48	144	87	75
131	96	145	62	107	100	106	69	96
69	137	58	100	65	158	172	139	161
153	152	138	142	180	120	119	109	105
88	165	179	194	87	88	166	124	99
95	134	184	113	123	59	83	75	115
63	58	60	81	85	70	78	183	117
45	91	119	109	143	93	88	133	45

Page 67

89	98	64	60	38	123	43	93	116
85	102	158	128	98	101	125	115	98
96	98	116	68	101	98	97	82	162
139	95	157	109	103	140	86	171	53
132	155	183	112	153	44	37	105	100
56	68	93	166	114	134	105	70	65
103	149	98	176	155	52	76	105	168
91	27	68	109	137	133	163	120	67
115	89	111	162	68	119	74	96	83

Page 68

159	109	155	104	170	154	135	54	78
92	97	146	94	49	134	163	142	54
67	124	129	59	137	154	135	146	137
55	157	99	116	134	150	67	52	56
161	102	105	108	39	128	149	148	110
81	68	85	90	162	99	144	67	67
94	112	118	118	124	113	43	107	98
179	67	108	40	55	154	123	125	117
100	158	46	44	167	61	162	73	72

Page 69

139	98	164	108	66	76	113	132	133
94	115	176	153	50	89	133	91	63
74	91	79	65	107	31	170	160	169
97	46	66	147	151	118	158	124	127
93	111	153	115	24	104	79	127	98
115	133	46	84	89	124	76	70	140
107	102	81	130	113	132	142	117	139
118	157	106	148	88	167	152	95	142
73	139	115	99	66	83	70	165	162

Page 70

158	97	144	157	149	176	191	47	156
76	104	112	101	141	59	78	78	171
152	98	48	61	137	133	102	161	101
70	85	125	140	124	155	66	159	100
191	101	60	68	54	140	180	121	107
113	50	67	120	55	92	112	77	112
119	101	82	102	55	144	82	117	72
59	155	127	67	103	77	160	145	94
95	120	137	93	139	100	111	130	92

Page 71

145	75	140	68	100	152	158	84	131
73	144	170	117	82	88	58	122	161
107	163	151	126	84	69	116	131	119
68	110	154	118	125	97	75	62	115
87	97	162	66	121	75	133	160	86
166	110	66	141	108	128	60	180	40
126	105	153	54	136	137	154	72	183
157	66	65	72	125	122	156	96	110
89	76	45	126	143	98	104	130	79

Page 72

153	106	161	113	117	95	92	98	54
118	149	142	110	94	105	149	30	109
173	94	86	59	135	101	62	68	114
123	93	122	41	108	68	191	111	108
84	154	186	139	147	55	112	133	115
63	163	54	109	47	139	100	42	135
137	159	70	128	116	120	123	154	124
157	131	142	88	58	41	98	141	90
81	146	74	66	132	154	167	75	107

Page 73

79	153	118	75	106	67	142	183	167
48	88	116	88	108	111	194	129	90
131	183	170	48	127	146	104	103	147
96	142	112	95	153	94	159	47	120
38	64	162	115	55	107	83	107	102
120	158	116	98	149	80	36	71	160
76	132	136	118	69	114	115	186	101
44	160	126	138	103	107	106	125	77
133	76	170	133	171	87	110	141	172

Page 74

155	83	143	103	50	81	51	99	159
122	69	123	101	161	128	146	38	85
156	106	159	112	97	128	75	181	85
82	165	86	79	166	52	169	94	105
134	141	153	53	114	126	125	120	47
84	106	153	76	145	105	113	119	41
48	101	107	87	89	98	90	156	111
71	153	108	120	139	146	115	117	138
128	131	186	95	70	142	54	165	167

Page 75

99	93	124	75	111	113	127	97	27
27	93	125	84	95	166	88	139	101
63	139	106	103	70	145	145	141	24
110	168	152	78	104	123	155	45	61
95	160	103	114	165	30	150	117	110
172	127	87	92	137	117	130	119	100
159	140	131	113	121	74	98	82	127
46	127	104	154	155	151	65	100	102
129	127	180	129	76	120	161	131	128

Page 76

111	168	44	122	99	127	105	106	159
82	144	47	36	190	188	95	108	28
112	162	107	67	106	68	78	36	151
128	175	145	141	160	128	102	134	136
64	162	143	130	93	115	65	93	134
114	111	127	133	142	168	74	108	174
106	69	22	80	83	26	164	67	59
29	60	119	62	73	131	36	116	86
78	87	85	120	92	136	141	120	123

Page 77

73	121	179	84	94	64	94	77	133
183	99	177	110	91	143	138	173	58
158	136	149	183	53	104	119	133	106
172	120	46	54	156	101	59	171	132
100	190	125	85	87	133	138	159	153
101	164	97	110	60	56	102	111	109
97	130	113	154	34	99	105	117	177
124	51	111	126	126	77	108	179	115
118	26	147	169	69	88	111	105	128

Page 78

116	50	84	106	91	73	69	84	137
56	144	87	139	83	91	59	73	115
168	168	103	92	74	103	130	133	139
88	30	108	95	85	84	60	122	154
48	125	64	125	73	147	130	107	52
97	119	122	136	116	64	96	143	98
44	164	108	171	115	108	129	65	134
191	39	162	115	89	52	107	127	131
141	102	161	27	111	109	141	65	64

Page 79

117	112	110	148	105	102	142	98	127
113	102	120	152	124	171	121	120	140
57	128	94	129	105	97	94	66	80
97	161	125	28	102	111	128	167	84
116	134	109	157	55	120	122	137	50
69	78	46	168	80	39	162	124	110
140	95	99	131	77	113	35	83	123
94	164	97	51	115	94	126	66	135
92	104	102	153	89	54	116	40	112

Page 80

107	57	186	123	113	114	51	110	102
33	116	52	36	160	111	86	137	57
114	156	103	113	129	35	92	98	94
122	142	101	106	81	131	101	95	136
124	81	139	178	167	86	141	195	85
143	152	188	107	73	172	112	99	92
86	129	66	44	79	70	44	116	142
85	73	91	114	125	102	62	106	117
67	98	65	57	112	146	79	90	114

Part 4

Page 81

502	1421	993	525	350	574	1168	1264
1000	1195	304	1167	108	876	1006	772
1209	1467	1307	1381	1440	1550	1606	552
1761	1039	1629	1419	1771	1302	828	1421
1015	636	1202	1183	359	1032	421	1494
707	1322	901	1067	803	622	1477	1351
938	145	775	1145	1200	512	1131	920
628	1789	801	1506	1168	1035	1084	1488
279	381	556	1278	1595	1102	1682	314

Page 82

944	1518	222	1135	1455	327	1552	921
1633	1189	1649	1650	1085	833	1280	1933
886	1074	973	1156	1799	1088	805	247
415	501	763	1348	490	679	1138	1021
1101	1717	1306	249	835	1651	1755	1835
1231	938	1440	1142	1248	730	1100	884
1100	661	1882	1460	1370	835	442	1191
1799	1700	1602	751	731	326	424	933
1742	1633	1582	1432	1760	1055	1174	994

Page 83

1549	790	1481	1375	237	1211	670	618
486	903	989	1167	884	1037	522	749
1462	673	1280	1446	503	1155	802	1191
1005	378	1037	1198	1090	1490	715	1828
1889	1187	1291	1580	1057	979	1271	1120
1238	1893	1386	1243	213	1762	1390	419
323	1339	1537	513	1244	788	1676	923
1607	1582	943	749	1082	1848	1366	1524
1099	872	840	1145	418	1235	1201	494

Page 84

1077	1000	562	1011	906	1185	1258	1133
1062	1447	633	1452	1337	1468	1721	786
1354	235	1627	626	751	1292	1368	1072
502	1252	213	806	1058	1589	916	1479
1174	960	835	1425	891	1014	1030	1535
1739	694	1052	1221	1654	1454	458	411
1397	916	1396	1327	1017	969	982	1309
638	1062	728	1018	705	1204	1225	920
504	1351	1145	412	901	788	261	286

Page 85

764	1226	1081	337	806	1803	220	955
197	1346	1080	691	1157	1624	227	910
711	1214	411	865	1356	932	998	1040
877	1310	1294	1706	1791	1260	455	294
1328	1053	292	1497	1343	999	1100	488
1435	1549	1564	596	1701	1776	692	1243
1421	798	865	417	991	1329	446	953
510	1240	1289	523	1190	1040	967	740
781	851	839	1329	990	1259	1180	1351

Page 86

852	927	596	1088	972	1660	1544	1630
1311	802	776	449	1069	1494	1552	1239
823	402	1524	895	1001	1399	691	1488
1116	978	703	1234	1394	694	1392	724
1387	1122	1105	671	1327	855	1295	1031
1280	281	391	617	1146	1005	606	1388
1320	1138	444	1612	1495	1068	1386	760
568	1761	1108	1505	1321	938	1289	830
1185	1015	835	337	972	1264	353	177

Page 87

1055	970	1819	466	476	760	1495	651
892	762	1160	1419	816	1211	1480	556
910	1295	1425	1045	1398	985	1127	1746
1250	554	884	716	573	1003	446	1333
807	899	1588	1461	969	522	760	1180
990	1212	1261	1700	639	357	1271	578
599	1320	809	1527	482	1291	1269	416
276	1222	914	603	1011	1275	1883	1306
688	1350	1016	1211	884	1009	199	1482

Page 88

411	458	714	233	671	1320	1473	1393
1792	948	547	985	1329	1114	529	471
1739	804	1215	588	740	1123	801	1565
512	731	461	1788	785	1346	1460	497
788	615	1746	990	1648	1477	1466	662
1368	1834	492	1515	1101	1240	1674	1317
1040	547	496	1190	215	791	527	697
943	1157	1819	1135	993	792	1080	794
630	1504	849	1730	1114	794	1093	1038

Page 89

904	1498	476	1329	1736	566	694	844
1403	820	1665	385	1049	931	685	787
790	1539	928	1389	562	890	1749	1039
922	940	1212	1673	1316	710	988	1872
1756	1475	1184	1699	332	731	1747	1755
1066	194	1288	364	476	863	1193	806
556	1034	1067	1461	1124	1808	1058	1741
743	1528	1893	961	1108	912	818	1003
1040	316	1803	797	906	291	485	651

Page 90

1375	1107	969	792	422	695	385	1526
1562	781	711	1732	546	993	843	804
1047	414	1810	376	1367	1565	712	1127
1486	1161	1011	1408	734	1017	1421	653
731	743	793	628	1002	1108	529	1686
556	1852	858	1016	1215	754	1399	395
1824	771	1883	933	1075	1460	425	740
952	1281	650	955	1689	1262	1349	1490
833	1076	1539	1126	922	1669	747	980

Page 91

836	1627	933	1086	1730	1536	1029	583
704	1115	1500	1587	1540	1258	471	858
1239	1354	825	959	1632	807	710	1353
482	1581	790	1169	1283	1272	1397	1016
1240	959	876	999	1288	1136	980	1235
1273	1468	668	1057	1499	1014	1155	920
1551	1674	1636	203	823	798	900	1438
1260	1554	541	1567	878	1386	445	1861
1154	1145	1218	855	740	1283	992	204

Page 92

1337	558	548	1303	650	942	247	1045
1261	1329	924	459	1698	1169	1184	1056
1509	1372	1017	386	1080	1219	1182	1079
1423	1253	1202	887	939	1133	1080	161
408	1446	808	694	1294	919	1443	571
989	980	974	635	931	602	1367	490
957	604	1545	1718	1329	1589	1521	1486
1377	1422	1807	1185	1158	1065	995	830
1652	1795	1945	815	805	1641	1179	929

Page 93

920	1314	1853	1113	1242	516	755	665
1141	583	508	534	789	798	632	736
1829	1114	386	837	1192	1098	1390	868
826	1282	364	822	955	568	539	311
1180	355	864	1109	830	1010	1550	1277
968	919	1258	1095	957	913	918	1090
586	952	905	959	762	1624	1381	912
1555	1065	959	1348	798	1705	458	1324
1542	1835	1071	1527	357	282	1056	936

Page 94

479	619	863	1642	1142	1341	1033	661
582	1007	1444	911	1769	1548	466	702
1015	1684	842	182	599	1037	1351	1316
1605	1193	587	1076	872	1038	1586	598
1151	671	871	750	1560	1103	1562	1033
1691	1508	1327	462	704	861	945	1426
877	412	1311	1616	1407	485	601	1201
1266	523	1373	1517	1320	1460	1351	479
1570	970	1121	1345	1497	607	431	496

10,000 Addition Problems Practice Workbook

Page 95

1585	943	1008	1074	303	1223	1479	1458
1102	747	617	811	824	1626	982	1399
585	609	894	1072	1187	1114	1200	1112
343	1049	905	1783	611	1076	319	464
1524	1191	1251	1157	992	1582	383	362
1671	541	1603	683	647	1377	916	1636
1085	583	688	1093	1259	1294	923	1124
1759	1533	430	876	1288	842	584	690
836	759	604	1040	220	1710	1599	1677

Page 96

962	387	602	1441	1488	1132	1549	1217
1210	848	1105	1509	1093	156	1040	757
1200	964	1123	1293	395	800	804	1226
700	645	1385	995	998	753	1303	1084
1281	1414	1161	1349	1131	1557	1020	1455
833	1665	1511	940	1371	668	1354	1099
927	620	787	642	1655	1592	1580	943
1409	1567	1476	1742	1912	383	1521	709
987	1074	976	1373	511	713	726	1711

Page 97

1506	967	418	515	1345	1307	960	1613
1009	640	819	1222	1377	1195	1559	580
1576	971	1909	979	534	611	487	1398
1807	1174	1049	1058	421	616	1135	495
861	1075	731	1115	1130	985	729	939
478	1404	799	1124	640	502	1556	1209
594	993	740	1593	1420	850	887	1165
1306	867	1364	964	1075	1280	875	1443
669	1382	589	975	1487	1552	760	1299

Page 98

689	1420	1694	1097	744	833	534	1159
1580	1040	1618	1515	1208	774	637	1098
1271	1117	594	1047	1517	1160	1211	888
694	537	1133	822	930	1599	583	1132
712	1281	1600	829	1655	1058	608	1399
1017	1225	517	1802	311	1203	1022	1494
487	1362	1347	1547	666	1819	1532	584
580	642	1215	1175	1561	922	1089	833
668	369	1192	1417	960	997	1280	723

Page 99

1518	1008	1587	1081	1154	928	871	949
483	1186	1476	1425	1014	918	955	1473
211	1064	1729	876	835	524	1344	932
542	596	1127	1233	887	1209	327	1079
616	1917	1078	1012	769	1529	1869	1400
1433	470	1116	1314	1139	557	1615	471
1101	398	1370	944	345	1333	1344	1565
645	1273	1148	1149	1203	1518	1196	1566
1316	1431	828	522	329	915	1365	807

Page 100

739	1453	670	593	1289	1537	1646	684
1063	725	1511	1103	696	988	600	1391
1819	1672	394	800	1149	841	1007	1068
1947	1267	824	1275	1837	1686	388	1228
1433	1005	992	1453	913	1392	1130	934
1495	905	1554	400	1170	310	553	1625
1104	462	1009	789	1067	1019	1144	1588
1122	923	1450	730	281	667	1605	719
1248	1317	1186	644	1093	1078	1863	1006

Page 101

375	1610	1253	1362	995	1068	1014	1244
704	1326	724	1711	1333	1709	799	1024
1414	1715	1556	743	1420	975	415	770
423	930	1565	1225	624	1167	962	1596
1222	1433	290	828	1531	1024	1563	1036
949	1276	675	1809	774	743	1634	836
704	1644	457	1691	886	1029	1329	1415
1503	463	1120	1236	1225	1160	385	766
980	1521	728	1412	1034	1056	1171	345

Page 102

397	942	1053	803	812	971	846	1547
1053	627	1519	1066	1207	1402	1458	1130
1095	1366	1262	1305	1858	912	651	1424
450	1644	1652	939	842	1214	703	1055
1092	1236	937	176	190	909	1222	772
880	1638	828	1332	966	568	1360	1050
1027	647	1402	1444	1404	153	1056	1671
1518	733	965	1219	1522	375	531	858
1588	974	1049	1634	221	1500	1130	1054

Page 103

1725	1239	809	905	1334	1091	1302	1140
980	1576	1377	1310	1115	1224	674	955
739	1230	391	1271	996	1530	1546	1495
589	931	974	1270	1271	1804	1264	710
1144	1588	1291	1222	1048	1673	359	1169
969	1276	1028	999	1585	743	1398	410
278	1914	1887	926	1047	196	1118	1604
986	631	1039	628	692	277	1496	1273
1759	1424	1378	1602	1218	1011	1331	1348

Page 104

559	1602	1393	1299	902	1097	570	891
1303	1117	1095	1237	1332	1404	1688	713
1033	1744	1015	631	138	748	756	175
1634	596	532	208	521	1141	540	660
1274	292	1119	807	754	783	759	1202
898	1336	1416	1182	1185	645	1209	1792
771	902	555	847	692	1317	1837	953
1765	1067	860	1390	1349	1727	511	1553
1321	1441	1825	457	1027	1132	1327	1051

Page 105

1716	1173	379	457	1561	1003	512	1711
1253	1005	1911	1185	790	845	1281	1385
1559	1493	925	1614	919	1054	538	480
979	1081	1031	887	1305	1082	1493	268
939	1004	1163	1757	1243	441	1096	1235
1214	687	1014	1779	1096	1120	180	1470
1686	646	849	1113	1020	1269	1112	422
761	979	860	681	605	760	1370	502
1425	807	1360	776	894	525	653	1110

Part 5

Page 106

5486	116	199	5093	1809	86	1341
1065	7849	4979	8638	8311	9883	15817
13472	1323	270	4923	562	5696	369
3354	1552	1831	63	1142	3370	4895
9010	8405	1296	9737	18	6591	8183
8326	8327	91	888	6930	8421	17489
4323	13875	409	8000	10037	7	25
2075	389	5554	11980	5221	9810	19048
3322	6928	4484	75	742	10794	6030

Page 107

2975	18475	9408	56	101	17207	13978
12502	4630	2161	8415	3523	49	172
2229	606	554	6030	1699	701	1138
85	766	4339	9191	12236	9546	493
8532	10797	6003	9004	884	6013	7483
3685	12091	18327	122	13361	12823	4587
5058	5656	5019	2620	689	3413	824
9472	8500	14077	9294	967	9799	6385
5183	827	1727	6506	1439	3830	8135

Page 108

2020	9184	9532	4451	10724	41	7577
13114	3650	6942	251	368	3944	1934
7136	571	2969	32	717	676	9495
74	871	3757	9448	83	4586	28
3212	2557	7138	14381	9572	21	6605
884	5779	738	13035	8054	17162	3604
7560	504	4202	40	243	704	4172
707	2698	5772	3838	894	2177	2459
9197	15576	4691	167	7834	8806	63

Page 109

1296	2154	1227	1505	1055	786	989
1518	1051	869	4801	5966	292	1334
6193	944	7532	7691	2410	9955	9491
1387	1305	3513	1223	904	18	3349
8690	588	5962	2052	5469	3035	5622
647	4975	855	11009	6408	1565	1750
4044	1909	7234	2325	801	536	13596
206	936	4252	8578	129	3642	4366
2484	2173	10595	7485	5897	849	7467

Page 110

50	1610	4285	14805	12081	116	6114
186	9479	835	1142	10459	281	9694
6105	1026	524	13886	16359	1180	16914
1178	909	9255	4566	811	7	84
6336	9422	1015	462	6002	9158	3496
1100	1345	4615	9966	105	1210	7637
1167	439	7061	8150	570	13848	4117
10063	4594	9727	15689	13696	1176	18820
535	5693	11	3019	721	8480	9641

Page 111

12585	8328	11883	3789	422	3275	9438
65	251	1634	353	195	5753	9035
8908	2771	3089	4314	9362	16369	135
9040	7191	671	1035	1364	2262	4539
7764	8989	896	2475	5152	9141	9508
8558	484	849	105	9076	12270	1900
12418	9975	1736	8109	727	15963	3516
809	15502	9487	2798	10804	70	9149
6268	7360	789	4915	8354	6226	133

Page 112

9173	1409	5951	1695	7915	4783	15107
9617	3380	8230	12338	987	6620	9559
734	1138	4763	76	4309	923	335
1645	7440	390	9224	6182	1891	92
6160	2751	8304	5866	2667	10	1005
778	1307	8153	2498	1421	206	1047
548	15888	11771	14048	1877	10120	1331
910	18687	10159	9614	3820	6924	10026
118	425	91	56	421	318	13086

Page 113

1894	95	6366	5393	380	96	38
4616	5311	87	7519	1538	4162	561
3500	504	2637	9377	1415	8956	6975
9477	954	18340	13751	31	3437	170
8118	875	128	338	7633	10804	401
10148	345	4397	7950	6842	2215	2634
6594	893	3322	6154	985	13952	6846
669	6431	390	14075	844	5661	754
8215	7594	7115	9336	1517	919	169

Page 114

8585	618	4063	14823	454	93	11673
5731	161	1013	3058	6435	670	11473
129	36	14427	869	8866	43	9444
7216	1137	9339	214	849	9868	749
10578	38	5208	52	2183	746	9773
17201	11	6481	11967	7623	4874	7145
3992	91	2900	6492	76	2017	85
10286	466	1457	5882	6905	12909	7305
9684	927	4948	10157	3438	87	16497

Page 115

8957	15481	16041	9466	5900	5092	6296
347	8816	7552	106	7613	9728	53
6223	11552	1187	7720	10063	335	935
10636	3119	58	3562	958	142	3525
3163	5967	4582	305	4369	827	8811
8446	3725	4458	7375	1433	1371	7890
172	12674	2610	816	12050	788	3716
7146	9860	5083	3144	7977	4211	7425
6527	592	1193	7334	2698	4402	9616

Page 116

9474	923	7835	9539	4924	7099	909
7816	8952	6085	558	5582	1515	536
1154	10708	557	1210	8623	11481	153
543	103	8516	1595	8222	83	9409
35	3029	414	171	1262	11	9489
3895	8869	10468	5410	867	119	7981
30	11056	6799	12935	898	4750	7835
14773	1076	446	2912	6671	1183	580
9536	7529	385	9551	2911	6498	18019

Page 117

1865	143	2636	10541	6208	16964	5180
7938	8584	6727	17	6372	6241	645
10003	751	3694	93	5132	1008	5730
51	1042	9159	102	3370	9715	989
8058	710	1422	1210	9977	9474	2744
10500	2754	8249	22	412	7414	3755
8591	10299	23	7772	7734	968	9098
498	7964	7632	9318	1148	1821	6572
1341	6340	310	9287	6112	2903	702

Page 118

3089	426	1573	9021	4346	8621	1073
1641	3087	1652	9905	1001	8933	8128
2028	3550	1223	62	70	940	9463
4663	551	6428	55	6003	809	9156
1014	2728	6852	1565	8560	9201	942
1103	9825	394	8457	5545	8779	6676
183	411	5900	119	8643	17131	3266
1295	9359	721	11187	4926	12139	4821
157	3713	9043	5470	9985	9806	609

Page 119

7782	1183	122	1462	9409	16458	14647
4026	1572	8433	6125	4029	243	6645
6964	8392	9561	9480	564	47	282
9225	40	4573	495	6254	1033	1441
1404	6863	1694	5103	9646	806	1476
1034	10533	8854	6515	15178	6858	10465
9246	3645	1033	9483	174	8693	9663
3641	13407	379	5481	11881	9062	5128
61	1068	5302	635	5714	906	8063

Page 120

872	802	5610	12328	8987	925	9425
66	1487	4768	3698	505	1800	954
7776	7130	42	837	18092	362	1962
10110	870	568	567	11	8122	778
929	8055	763	2317	3237	9719	603
10600	7020	8719	18	928	10167	6939
660	1749	5745	1432	6420	4007	7421
1922	3343	4906	1395	5436	5375	4886
8176	180	7138	7159	1202	2729	98

Page 121

6876	4839	2081	10153	616	4952	956
9284	6533	222	8068	407	9035	8925
938	790	3178	5361	7985	97	2104
5720	6116	3494	947	113	683	266
13279	723	542	2082	5009	6867	342
6504	7333	1670	6435	2268	5078	955
1862	5476	4427	3725	14541	7919	16402
4921	10398	724	8229	982	1216	204
45	97	4579	453	7435	108	8377

Page 122

3342	48	860	1727	5830	936	138
10291	6686	230	8003	769	5031	883
5324	3125	8811	1873	9	82	573
2494	6089	1949	2933	4447	8156	1631
5407	2342	883	3463	15049	181	509
10204	9878	5429	4177	1559	8103	8366
8919	13942	253	7834	313	14673	5903
812	5472	785	5164	7200	8930	1517
5862	7161	8132	11	5588	2363	969

Page 123

1155	5232	10605	11494	8010	101	3901
10361	1123	5063	185	720	2902	28
101	3579	7456	6951	4909	3526	6513
8849	12596	4064	3701	6070	4122	6093
2542	1756	9619	6070	1660	7180	3077
163	1532	6150	388	8433	1516	8135
377	4826	644	5780	3831	10214	952
7992	15157	733	9134	12181	415	1176
14635	7992	2276	1076	1423	7481	757

10,000 Addition Problems Practice Workbook

Page 124

7337	38	1061	4750	4859	3972	6154
12436	127	2944	7611	7545	2944	10545
9671	2505	9579	7245	481	1070	92
3757	5726	197	15871	8061	515	3233
7520	5090	12693	457	3401	11591	9388
9013	1000	7482	8672	18015	2394	6905
1338	10046	9522	7177	5015	8491	8009
1543	547	6511	2332	8350	13054	7226
11612	8776	11090	944	2213	2359	493

Page 125

4848	10293	5109	901	6485	2725	849
1612	131	63	36	2343	2469	4128
74	151	996	12299	1596	681	905
1641	7527	6056	9838	2481	1187	7835
8552	925	561	688	175	2655	515
6759	7393	6261	2756	4273	6136	7688
7162	5879	3712	4473	966	2955	41
750	203	613	1774	739	8479	5079
7763	14777	1760	13	2198	4844	8734

Page 126

15309	452	776	9685	454	7189	839
4544	5139	107	4112	2021	801	9505
4558	3758	8876	4178	5129	6878	9791
7195	9250	3481	847	9906	5832	6510
6627	7783	3455	5074	1329	134	5178
8101	12566	10525	83	518	5565	610
8396	129	7908	13743	3079	85	964
5534	3897	235	1045	10281	766	4623
95	946	5482	6850	7093	3486	1125

Page 127

12403	2355	1823	7687	3418	8634	7386
798	18000	81	8115	832	4947	439
4183	3741	8259	4323	9716	99	5432
200	9590	3682	10727	1404	7352	747
330	4244	86	15539	7038	9564	10821
1037	8988	4469	2844	10495	1907	20
10393	5569	6563	946	8185	35	11
982	10219	2181	93	80	3068	5522
10070	17	7255	9194	13806	16956	2099

Page 128

553	6224	53	2835	46	8891	603
635	1511	240	15836	10461	9483	4394
8217	1584	1077	1179	9012	48	2458
7371	14206	59	943	769	26	72
8281	4620	605	695	1155	80	113
284	428	8561	9451	3632	6114	7295
15352	10379	980	11521	7265	55	16790
624	19205	836	3438	92	12344	5845
6061	667	723	1154	13102	6954	1254

Page 129

1458	6110	9929	325	16854	4416	8080
17181	953	1191	55	4101	6153	9623
1219	1938	1936	118	649	171	827
8263	636	9166	6	11	982	84
16365	282	2041	6911	1054	5350	8713
1456	6239	2542	4779	3185	3744	721
8497	2190	13671	5750	221	900	621
5733	126	4820	162	6979	2059	6632
2547	2960	2062	1017	362	10	932

Page 130

275	6856	483	334	8934	11970	2098
1942	780	5394	1687	9390	402	480
2896	5252	8121	1440	5972	209	9832
8459	85	7889	31	10	583	5262
1641	103	4791	8190	2908	3893	6029
12367	2504	7978	3164	10675	3580	6009
13269	4695	7759	920	6528	10558	8492
9476	5555	3691	13876	3663	536	7860
412	643	125	1530	3029	4327	229

Page 131

47	609	8425	6844	171	6004	4766
137	2284	3285	4854	2876	1467	166
1240	580	81	16626	3330	2744	7385
327	862	3539	868	7619	347	7667
411	1210	3289	7776	746	1961	753
693	8353	877	14431	258	11	8362
3850	3470	4345	7805	9594	468	3347
12724	6423	1434	15107	1470	352	6368
411	2149	10610	13304	672	617	13103

Page 132

9953	6050	4752	668	13880	508	9691
678	186	4939	178	11923	884	8303
1023	13916	12524	11	17028	14501	1088
2797	127	7297	627	90	253	729
9463	54	718	1575	404	12687	1910
9835	5311	4123	16261	9559	7300	8798
3169	36	7752	33	14043	87	5896
3170	16	3934	624	1651	1532	7399
119	794	986	7431	7930	276	7700

Page 133

2475	1735	5127	449	167	11380	9355
5930	469	67	935	5624	6203	6296
875	14350	594	3113	5583	129	100
1577	92	539	6128	471	5962	1331
5106	2068	8425	11823	2238	1892	16035
6302	8448	7661	9593	5163	6880	4139
8310	873	3761	1377	2200	7438	9567
2730	9465	767	73	2861	4158	1329
439	8912	49	1461	41	9128	11357

Page 134

5007	2713	4636	681	10982	8543	599
12546	4619	12968	2662	440	9709	84
86	8691	7953	390	8800	7873	58
8105	3164	12593	1877	1469	9645	8938
641	9967	797	2519	436	9228	6625
707	9790	1084	1597	6886	4931	6286
165	9245	9906	1248	14	6291	9959
498	9741	738	4760	7193	24	88
69	252	1540	630	378	8319	1615

Page 135

14597	10948	1713	4090	2943	4006	2667
142	99	7073	1347	4052	11562	5464
663	434	1000	669	198	2443	839
6936	13368	45	582	1218	12071	2054
100	6609	5097	3394	13971	13435	12086
12192	10070	852	4532	8865	4089	7799
7383	19769	640	8433	3986	809	8552
40	364	10131	8169	17114	9011	290
491	729	9371	4648	6206	7466	4685

10,000 Addition Problems Practice Workbook

Page 136

4851	932	1156	171	9338	617	8011
8071	1223	12192	16455	14394	8381	761
11591	14104	718	9991	10026	363	7440
1115	12562	248	2401	1748	6343	1516
968	696	5617	5644	5537	17589	975
13711	576	4891	7423	3656	473	11901
849	1146	3718	6263	13740	110	5260
45	565	975	988	1126	100	1413
9235	3148	10230	3039	4409	942	8107

Page 137

4590	7522	7936	6937	5771	5575	572
1420	1590	44	549	195	1248	4903
3748	779	14021	675	2923	7454	81
1045	2330	6746	7826	812	6852	7906
9854	13199	7010	9760	11536	5158	13401
5053	9904	685	928	568	9974	12488
8512	10751	501	1806	3923	325	387
8375	8360	6287	7953	3605	1193	119
3736	2438	168	16511	456	2998	668

Page 138

9194	2958	158	5011	6010	7747	7605
136	164	7206	913	986	3902	4436
11	2538	54	9774	1495	4435	6172
2567	750	9238	6229	1052	322	8947
9233	13080	1222	12834	58	506	7357
1292	8641	6350	13322	1002	3427	2481
10168	9634	2630	1169	3007	2437	11146
707	5485	3374	8994	5716	4004	986
1685	1055	46	774	3321	91	13968

Page 139

9178	1046	9268	6245	2047	8099	63
5486	82	10238	158	10232	10758	14333
696	8907	11231	5597	9761	150	5745
781	198	10093	1203	7821	8053	7876
7805	3987	6875	746	6071	1432	6674
9704	1657	6250	9178	155	11506	8923
1332	185	12307	847	1940	42	940
10418	861	3150	3484	6010	4620	782
5545	766	11084	3131	677	5615	1470

Page 140

1660	11855	1039	14335	992	267	4083
2531	785	5319	6865	7192	417	999
11422	3588	6828	159	6643	480	3441
7161	382	6450	9460	4269	4724	10379
2764	2014	527	11630	962	900	6197
966	82	245	10815	43	1548	102
12162	9624	9365	1597	575	443	571
70	7181	10103	1056	5389	8699	7339
2906	7544	652	7607	9120	121	4450

Printed in Great Britain
by Amazon

43539737R00093